В Е Д Ы
ДРАГОЦЕННЫЙ
ПУТЬ

УДК 141.339
ББК 86.42
Х16

Хакимов, Александр.

Х16   Карма. Как обрести высшую цель в своей жизни? / Александр Хакимов. — Москва : Эксмо, 2022. — 128 с. — (Веды: драгоценный путь).

ISBN 978-5-04-092611-4

Перед вами одна из самых первых книг Александра Геннадьевича Хакимова — широко известного по всему миру специалиста по ведической культуре, общественного деятеля, художника, психолога, философа и теолога. Много лет он путешествует по всей России, ближнему и дальнему зарубежью, читает лекции по ведической философии и культуре, проводит беседы за круглым столом с учеными, философами, деятелями культуры. Его лекции в интернете имеют рекордное количество просмотров благодаря глубоким знаниям и харизме автора.

Еще совсем недавно, каких-то 30 лет назад, мы с вами и понятия не имели о том, что такое карма. Сейчас о законах кармы уже написано множество книг. Появилась даже новая дисциплина — кармапсихология. Пришло время понять самое главное. Как действуют законы причинно-следственной связи? В чем высшая цель человеческой жизни?

В легко доступной форме, свежо и увлеченно автор объясняет в своей книге суть ведического знания. В книге описывается, как понять законы кармы, законы выбора и перейти на новый уровень духовного развития.

УДК 141.339
ББК 86.42

АЛЕКСАНДР ХАКИМОВ
ВЕДЫ. ДРАГОЦЕННЫЙ ПУТЬ

КАРМА

КАК ОБРЕСТИ ВЫСШУЮ ЦЕЛЬ В СВОЕЙ ЖИЗНИ?

Москва

2022

ПРЕДИСЛОВИЕ

В настоящее время достаточно много читателей проявляют интерес к индийской философии. Хотя она синкретична и не предполагает логических обоснований философских понятий, у нее есть ряд преимуществ перед трудами западных мыслителей, одно из которых — ее практическая направленность. Индийскую философию можно назвать философией жизни, ибо она обращена к сознанию человека, затрагивает его деятельность, говорит о его связи с космосом, с миром высших духовных реалий.

Философия Индии рассматривает темы, которые в научном мире считаются запредельными и часто выводятся за границы научных обсуждений. К ним относятся вопросы о том, что есть сознание, каковы природа и качества, которыми оно обладает.

Индийская философия дает объяснение таким понятиям, как рождение и смерть, свобода и бессмертие, освобождение и реинкарнация.

Обращенная к человеку и предназначенная для практического применения, она освещает эти вопросы и указывает конечный смысл человеческой жизни. Индийская философия соединяет в себе теорию, практику и даже поэзию. Она предоставляет человеку возможность обрести высшие идеалы не только на уровне мысли, но и в практической сфере, в том, что касается его повседневной деятельности. Идеи, почерпнутые из Вед, можно найти в произведениях западных мыслителей и писателей: Г. Гессе, А. Шопенгауэра, М. Хайдеггера, Л. Витгенштейна, Р. Баха, в диалогах известных современных философов: С. Грофа, Э. Ласло, П. Рассела.

Все рассуждения, положенные в основу этих произведений, имеют своим источником ведические писания, к которым относятся древние тексты четырех Вед, Пураны, Упанишады, «Махабхарата», Веданта-сутры, а также комментарии к ним известных индийских и западных философов. Почти все направления индийской философии имеют одинаковый взгляд на фундаментальные вопросы бытия. Но в данной книге предпочтение отдается философскому направлению Веданты. Пытливый исследователь Вед встретится здесь с величайшей, глубоко осмысленной, поэтически выраженной философией

Бадараяны (V в. до н. э.), Мадхвы (XIII в.), Санатаны Госвами и Рупы Госвами (XVI в.), Бхактивиноды Тхакура (XIX в.), Бхактисиддханты Сарасвати (начало XX в.), чьим практическим и философским опытом воспользовались М. К. Ганди, Р. Тагор, Дж. Неру, С. Радхакришнан.

Центральное место в индийской философии занимает такое понятие, как сознание. Эта философия рассматривает различные аспекты сознания: индивидуальное сознание, коллективное, абсолютное, а также объясняет его природу. Среди философов и ученых данная категория вызывает наиболее острые дискуссии, но все еще не является широко исследуемой в научных кругах проблемой. Что касается индийской философии, то здесь данная категория, бесспорно, относится не только к научной, она рассматривается как первичная, начальная категория, определяющая понимание всех остальных категорий. Уже в древних индийских текстах встречаются такие термины, как *чит*, *четана*, *атма*, *параматма*, которые непосредственно связаны с определением сознания. В индийских источниках мудрости можно увидеть нечто большее, чем простое описание или логическое построение, касающееся данной категории. Там присутствует неуловимая целостность самого бытия сознания в его различных аспектах, а также сверхсознание, пронизывающее все сущее в материальном мире.

Более того, этимологическое толкование термина «сознание» (чаще всего обозначаемого в Ведах словом «четана») предполагает обращение вовнутрь человека, непосредственное видение, созерцание. Достижение высокого уровня погружения сознания, сосредоточение его на божественном и идеальном является как конечной целью, так и методом.

Сознание определяет будущее человека и говорит о его прошлом. Оно первично в определении деятельности, поступков, качеств личности, а также ее целей. Иначе говоря, вся жизнь человека — это осмысление своего «я», поиск «я». Соединение «я» с божественным, служение божественному — итог одной или многих жизней личности. Таково конечное предназначение человека. Веды провозглашают это и пытаются сориентировать всю его жизнь на исполнение этого предназначения.

Осмысление ведических текстов не только расширяет кругозор, оно поднимает человека на духовную платформу.

Более того, с их помощью можно приобрести духовный опыт самих авторов ведических произведений, которым удалось выйти за пределы обычных представлений, пережив мистические состояния откровения, просветления, глубокого внутреннего понимания самых сокровенных вопросов бытия.

В. И. Федотовских,
доктор философских наук

ВВЕДЕНИЕ

Еще совсем недавно, каких-то двадцать лет назад, мы с вами и понятия не имели о том, что такое карма. Лишь несколько востоковедов и санскритологов спорили тогда на эти туманные темы, да и то не могли прийти к какому-то окончательному выводу. Помню, в 1986 году нашу подпольную группу кришнаитов пригласили на неофициальную встречу с несколькими видными востоковедами. К нашему удивлению, приняли нас очень радушно и сразу же пригласили к столу. На что мы ответили, что чай мы не пьем. И не только чай, но также алкоголь. Кроме того, не едим мяса, не играем в азартные игры и не занимаемся сексом вне брака.

Хозяева были очень удивлены: «Почему? Вам нельзя?» Мы сказали: «На самом деле вам тоже нельзя, потому что все это плохая карма».

Так состоялся серьезный разговор, в ходе которого проявилось полное невежество ученых мужей в этом простом и очевидном вопросе. Мы же, со своей стороны, имели ясные суждения, основанные на запрещенной в то время книге «Бхагавадгита как она есть» с комментариями Бхактиведанты Свами Прабхупады.

То было время интеллектуальных поисков, и многие мыслящие люди с удовольствием приобретали у нас эти книги. И сейчас я вижу, что это сыграло огромную роль в развитии всего общества. Скажем, о законах кармы уже широко известно. Появилась даже новая дисциплина — кармапсихология. Практически весь западный мир наслышан о реинкарнации.

И теперь настало время понять самое главное. Так или иначе, мы с вами соприкоснулись с этим знанием. Оно пришло к нам из глубин древности.

Его передавали от учителя к ученику на протяжении многих и многих поколений. Это знание предназначено для лидеров общества и только в том случае, если они праведники.

О законах кармы и реинкарнации можно забыть. И это подобно тому, как человек забывает о законах государства и начинает делать то, что пожелает. Вне всяких сомнений, его ждут большие неприятности. Но еще хуже, когда мы знаем о существовании этих законов, но даем им свои собственные толкования.

Такое «знание» может принести куда больше вреда, чем простое невежество. Поэтому настоящее знание должно находиться в руках праведников, честных и порядочных людей.

Мы надеемся, что эта небольшая книга пополнит ваши знания о законах кармы и принесет реальную, практическую пользу, позволив существенно улучшить вашу жизнь. Пусть она послужит маяком на вашем пути к совершенству.

ОМ ТАТ САТ

Александр Хакимов

КАРМОЙ, ИЛИ ДЕЯТЕЛЬНОСТЬЮ
РАДИ ЕЕ ПЛОДОВ, НАЗЫВАЮТ
ДЕЙСТВИЯ, КОТОРЫЕ ФОРМИРУЮТ
БУДУЩИЕ МАТЕРИАЛЬНЫЕ ТЕЛА
ЖИВОГО СУЩЕСТВА.

Часть 1

КАРМА

ВСЕ С САМОГО НАЧАЛА

Душа вечна, а тело временно. Они всегда будут отличаться. И порой внутренний мир наших желаний вступает в противоречие с теми законами, по которым живет наше физическое тело. С каждым годом тело стареет, но тот, кто видит свою старость, совсем не хочет этого. Точно так же болезни: кому нравится болеть? А смерть настолько нежеланна, что человек вообще не хочет об этом думать.

Но, вопреки нашему внутреннему сопротивлению, кто-то или что-то совершает над нами насилие, растаптывая наши желания. Прискорбно, но факт — таковы законы, управляющие материальным телом. Оно стареет и умирает. Душа, принимая материальное тело, вынуждена подчиняться и всем законам его существования, хотя сама она не имеет никакого отношения к материальной деятельности.

Душа никогда не стареет, не умирает и не подвергается никаким изменениям. Поэтому ее можно назвать *акарма,* что означает «не совершающая никаких действий». (*Карма* буквально переводится как «работа».) Тогда как тело постоянно занято разнообразной деятельностью и претерпевает всевозможные перемены. Поэтому его называют *карма,* или «тот, кто работает».

Тело можно сравнить с машиной, водителем которой является душа. Представьте, что вы едете в автомобиле. Кто движется — вы или машина? Ответ очевиден — машина. Вы просто управляете. Но поскольку она подчиняется вашей воле, вам кажется, что едете вы.

Автомобиль, совершая свою работу, изнашивается и ломается, чего нельзя сказать о наших желаниях. Мы по-прежнему хотим ехать. Возникает противоречие. Машина сломалась, но нам нужно двигаться дальше. В этом проблема. Почему водитель страдает? Только потому, что связал свою жизнь с машиной. Теперь он радуется и переживает из-за нее. Это предопределено. Зная законы физики и химии, можно с уверенностью сказать, что любой автомобиль будет ломаться и в конце концов полностью развалится. Поэтому некоторые люди не хотят покупать машину, считая ее тяжелым бременем.

Что касается машины, тут все понятно. Но как быть с телом? Можно ли отказаться от бремени, связанного с его существованием? Разумеется, нет. Тело нужно кормить, содержать в чистоте, организовывать для него отдых, а также заботиться о том, чтобы его уважали другие. Огромная работа. Я просто хочу быть счастливым, но мое тело требует постоянных усилий, поскольку оно неуклонно приходит в упадок. Скажем, я стремлюсь всегда быть чистым, а тело постоянно загрязняется.

Поэтому иногда человек думает: «Какой смысл мыться, если завтра я снова стану грязным?» И все же он должен это делать. Зачем поддерживать то, что неминуемо придет в упадок и в конце концов исчезнет? Только для того, чтобы доставить к цели водителя, сидящего за рулем. У души есть высшее предназначение, но это отдельная большая тема. Пока мы поговорим о том, как извлечь пользу из своей кармы, деятельности, которой мы вынуждены заниматься.

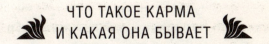

ЧТО ТАКОЕ КАРМА И КАКАЯ ОНА БЫВАЕТ

Итак, что такое *карма*. Это работа. Действовать можно на уровне ума, речи и на уровне поступков. Человек работает для того, чтобы получить что-то взамен на грубом или тонком плане. Поэтому карма начинается с желания какой-то выгоды.

Никакая работа не может быть выполнена без достаточно сильного желания. Все хотят обладать богатствами или знанием, властью или силой, красотой или отречением.

Так мы приобретаем последствия своей деятельности, которые тоже называются *карма* и определяют нашу дальнейшую судьбу. Даже простые механические действия имеют последствия. Например, хлопок ладонями — это действие обеих рук, а звук, который мы слышим, является следствием. В свою очередь, это следствие становится причиной: кто-то может отреагировать на него. Или, скажем, один человек говорит, а другой слушает.

Речь говорящего вызывает у слушающего определенные эмоции. Он может рассмеяться или заплакать, а может прийти в сильный гнев и даже ответить действием. А потом он носит это настроение в уме

ЛЮДИ АКТИВНЫ И НЕ МОГУТ ОСТАНОВИТЬСЯ ДАЖЕ НА МГНОВЕНИЕ

и невольно передает другим. Таким образом выстраивается причинно-следственная связь. Подобно этому, карма имеет развитие во времени. Она направляется из прошлого в будущее. Через настоящее.

Поступок — это семечко. Со временем оно даст росток, который станет деревом. А дерево, в свою очередь, расцветет и даст плод.

Точно так же и любое действие приносит определенный плод. Какой он будет, можно судить по тому, какое семечко было посажено.

КАРМА — ЗАКОН ПРИЧИННО-СЛЕДСТВЕННОЙ СВЯЗИ

Таков закон: каждое действие приносит какой-то конкретный плод. Из семечка яблока вырастет яблоня. Если человек учится на юриста, ему не выдадут диплом врача. Что посеешь — то пожнешь. Мы совершаем хорошие поступки, плохие и смешанные. Поэтому их плоды могут быть также трех видов — хорошие, плохие или смешанные. И человек ощущает их на себе в виде счастья и разного рода страданий.

Совершив хороший поступок, мы получим в будущем хороший плод.

Таким образом, за счастье нужно платить благими делами. Но если мы не хотим платить, к нам приходят страдания. За них ничего платить не нужно. Например, кто-то может сказать: «Я не делаю людям ничего плохого. Почему меня никто не уважает?» Потому что ты не делаешь ничего хорошего.

Согласно этому закону человек как бы обязан быть счастливым, иначе он будет наказан страданиями.

Работа, выполняемая в невежестве, приносит разрушения и несчастья. Такие действия совершают дети или глупые люди.

Ребенок зажигает спички — что в этом плохого?

Но в результате сгорает дом.

Когда работа связана со страстным желанием выгоды, она приносит некоторые временные плоды, но увеличивает человеческие пороки, такие как жадность или гордыня. Получив богатство и власть, человек обычно становится хуже.

Работа, связанная с высшими принципами добродетели, очищает наше сознание и приносит ощущение счастья. Когда человек делает людям добро, они становятся его друзьями. Не имей сто рублей, а имей сто друзей.

Итак, выбрав одно из этих направлений, каждый в будущем получит последствия своей деятельности. Кроме того, нужно учесть, что в настоящий момент мы должны отрабатывать карму прошлого, получать плоды совершённых когда-то поступков.

Поэтому главное для нас — сделать правильный выбор. Поступить так, чтобы это принесло нам пользу.

КАК СДЕЛАТЬ ПРАВИЛЬНЫЙ ВЫБОР

Не всегда нужно есть то, что нам дают. Выбор и отвержение идут рука об руку. Если я выбираю пищу высшего качества, это означает, что я отказываюсь от низкосортной еды. И наоборот. Принять одновременно и то и другое очень трудно. Мы видим: если человек становится плохим, он перестает делать хорошее, а став хорошим, не хочет больше поступать плохо. Однако можно заметить, что плохое и хорошее, как правило, в человеке смешано.

Так происходит, потому что обычные люди непостоянны в своем выборе. И это очень трудно — быть плохим и хорошим одновременно. Столько внутренней борьбы, столько раскаяний, благословений и проклятий, взлетов и падений. Такова человеческая жизнь. Мы несем в себе эти противоречия еще из прошлых жизней и забираем с собой в будущее.

Впрочем, что бы там ни было в прошлом и что бы ни ожидало нас в будущем, мы всегда остаемся в настоящем, в том месте, где мы можем сделать свой выбор.

Человек создает будущее прямо сейчас. Ошибаются люди, которые постоянно думают о будущем и не замечают настоящего.

Их будущее так и останется навечно в их воображении. Оно никогда не воплотится.

Посмотрите на картину Васнецова «Витязь на распутье». Вот он — момент настоящего. Куда идти? Чтобы двинуться в путь навстречу собственной судьбе, нужно быть героем или очень мудрым человеком. И действительно, согласился бы человек делать то, что он делает сейчас, если бы заранее знал, к чему это приведет?

КАРМА — БЛАГОЧЕСТИВАЯ ДЕЯТЕЛЬНОСТЬ

Изначальное значение слова «карма» — «благочестивая, религиозная деятельность, направленная на благо всех людей». Человек, занятый такой деятельностью, проживает удивительную жизнь в добрых подвигах. Он дарит просветление и счастье людям, отрекаясь от себя. Таков праведник. После смерти он поднимается на райские планеты. Вот один из путей. Пойдешь им — станешь героем и возвысишься, но здесь, в этом мире, погибнешь. Герои, как правило, наслаждаются жизнью только после смерти, когда попадают в рай. Но, получив там свою награду, они снова возвращаются сюда, на землю, чтобы зарабатывать новую карму.

Потому что в раю никто не работает. Там только наслаждаются хорошей кармой. И чтобы попасть в рай, нужно заслужить его здесь. Только на земном уровне Вселенной создается карма. Карма — как деньги. Кончились — нужно снова идти на работу.

Помимо благочестивой, есть также эгоистическая, греховная деятельность, направленная на удовлетворение собственных чувств. Она называется *викарма* и относится к тому случаю, когда человек готов на все ради собственного счастья — на воровство, обман и даже насилие над другими людьми. Плоды такой деятельности исполнены страданий как для того, кто ею занят, так и для всех окружающих. Другими словами, викарма — это деятельность, направленная во вред самому себе. После смерти такой человек всегда получает плохое, неудачное рождение и в конечном счете попадает в ад. Но и там он не остается навечно. Очистившись от плохой кармы, он снова возвращается на землю и продолжает здесь творить свою судьбу.

ВИКАРМА — НЕБЛАГОЧЕСТИВАЯ ДЕЯТЕЛЬНОСТЬ

Кроме благочестивой и греховной деятельности существует также *акарма* — деятельность, не приносящая результата, или бездействие. Частица «а» на санскрите означает отрицание. Для вечно активной души полный отказ от деятельности невозможен.

АКАРМА — ОТКАЗ ОТ ДЕЯТЕЛЬНОСТИ

Но иногда человек не хочет выполнять свои обязанности, скажем, на работе или в семье. Это называется паразитизмом и также является деятельностью, но только низшего порядка. Такой образ жизни избирают люди разочарованные, потерявшие веру в Бога и в свои силы. Они презираются обществом и утрачивают хорошие качества. Потеряв творческую энергию, эти люди постепенно опускаются на самое дно жизни. Их считают ходячими мертвецами, потому что они живут на свалках мусора или в подвалах. После смерти они становятся привидениями, животными или идут в ад. Временное прекращение деятельности — это просто усталость.

Мудрый же человек отказывается не от самой деятельности, а от чувства собственности по отношению к ее плодам. Он знает: в этом мире ему ничто не принадлежит, ведь он приходит ни с чем и ни с чем уходит. «Прах ты и в прах обратишься». Все принадлежит Богу. Понимая это, мудрый человек работает не ради накопления богатств, а для того, чтобы возвыситься духовно. Он предлагает все свои труды Всевышнему Господу просто из любви и благодарности.

Настоящая любовь бескорыстна, самодостаточна и не нуждается в материальной поддержке. Наоборот, все материальные отношения требуют, чтобы в их основе была любовь. Иначе они становятся неприятными. На самом деле каждый человек хочет служить из побуждений чистой любви, без примеси выгоды.

«О мой дорогой Господь, я не хочу копить богатств, мне не нужны ни прекрасные женщины, ни последователи. Я хочу только одного — жизнь за жизнью преданно служить Тебе, не ожидая ничего взамен», — так говорил Шри Чайтанья Махапрабху еще в XV веке. Когда человек действует в подобном умонастроении, для него не существует больше ни греха, ни добродетели, ни ада, ни рая.

Что бы он ни делал, он не получает плохой или хорошей кармы. Это путь освобождения души, или *акарма,* — возвращение к Богу.

ЧЕЛОВЕК, КТО ТЫ?

Человека всегда связывают с его деятельностью. И в соответствии с этим к нему относятся. «Кто ты?» означает «Чем ты занимаешься?».

«Ты кто?» — «Рабочий». — «А ты?» — «Генерал». — «О, простите!» Всех людей можно классифицировать согласно их способности действовать. Человек, посвящающий свою жизнь работе ради материальной выгоды, называется *карми.* Тот, кто живет ради приобретения знаний, — это *гьяни*. Человек, интересующийся мистическими силами, именуется *йоги*. А бездумно проводящий время в наслаждении чувств называется *бхоги*. Никто из этих четырех типов людей не свободен от цепей кармы, потому что все они имеют материальные желания.

Возьмем, к примеру, *бхоги*. Девиз таких людей — «Один раз живем! Ешь, пей, веселись». По их мнению, смысл жизни состоит лишь в том, чтобы получить как можно больше удовольствий.

Для них еда, сон и сексуальная жизнь — это источники наслаждения, и они хотят максимально, до глубокой старости сохранить потенцию своих органов чувств. Принципиально жизнь таких людей ничем не отличается от жизни животных, которым также свойственно есть, спать, совокупляться и обороняться.

Таким образом, бхоги заняты деятельностью животных и живут только для наслаждения чувств, видя в этом смысл и цель жизни. Некоторые животные в прошлом были человеческими существами, которые вели животный образ жизни. Например, обезьяна любит наслаждаться сексом и воровать, корова — жевать день и ночь, не думая ни о чем, а крыса — накапливать в своей норке самые разные вещи. Свинья ест все без разбора, слону нравится пить алкоголь и работать, а медведю — долго спать. Все эти виды животных приспособлены к определенным чувственным наслаждениям гораздо лучше, чем человек. Хотя бхоги и не любит ограничивать себя в удовольствиях, его все же сдерживает какая-то мораль, совесть и стыд перед другими. Поэтому ему гораздо удобнее в теле животного, где разум не очень развит, а значит, не мешает делать все что угодно прямо у всех на виду.

Что касается *карми*, это организованные люди. Они могут создать цивилизацию. Им хочется много работать, потому что они верят, что их усердный труд принесет им счастье. И ради светлого будущего они готовы работать как герои. Однако конечная цель карми сводится к тому же наслаждению чувств. Поэтому их заработанные в поте лица богатства расточают бхоги. Да и сами они в конечном счете скатываются на животный уровень, становясь гедонистами.

Если цивилизация бхоги основана на похоти, то цивилизация карми — на зависти и жадности. Все карми завидуют тем, кто богаче и лучше устроен в жизни. Их цель — жить не хуже других. Но даже когда им это удается, все же они не чувствуют удовлетворения и не могут наслаждаться из-за зависти окружающих. Карми также очень скупы и потому, не имея понятия о высшей цели жизни, не могут правильно использовать свои богатства. Они просто пытаются сберечь их на будущее. И поскольку карми неизвестно, для чего предназначены богатства, желания этих людей никогда не исполняются, и они вынуждены испытывать разочарование. Так карми создают цивилизацию скорби, которая в конце концов гибнет, подобно змее, заглатывающей свой собственный хвост. Таков результат деятельности в невежестве.

Гьяни — это мыслители, пытающиеся достичь какого-то прогресса при помощи размышлений. Они опираются на свой собственный ум, чем похожи на барона Мюнхгаузена, который сам себя вытаскивал из болота за волосы.

Однако гьяни не способны в достаточной мере продвинуться, поскольку ум не может быть источником знания. Он лишь является аппаратом для мыслительной деятельности.

Погрузившись в глубокие размышления, человек становится статичным и не может активно действовать. Поэтому гьяни отвергает образ жизни карми, отрекается от желаний и привязанностей, в особенности к деньгам и женщинам. Тогда в результате своих усилий он приходит к определенному выводу: «Я знаю, что я ничего не знаю». Таково окончательное заключение гьяни. Ведь истину невозможно придумать, ее нужно осознать. Великие мыслители, размышляя о законах Вселенной, об Абсолютной Истине, о Боге, отрекались от кармической деятельности и проводили свои дни в уединении. Например, Диоген жил в бочке. Многие люди в поисках Бога уходили в монастырь.

Потому что гьяни — это полностью разочарованный в своих желаниях карми. Слово «монах» происходит от латинского «моно», что означает «один». А слово «моно» берет начало от санскритского *муни* — «мыслитель», «мудрец».

МОЗГ — ЭТО ПРОСТО БИОЛОГИЧЕСКИЙ КОМПЬЮТЕР, В КОТОРОМ РАБОТАЕТ УМ

У каждого муни своя неповторимая точка зрения. Диоген думал так, а Сократ иначе, тогда как Пифагор, Юнг, Гегель и Ницше — совсем по-другому.

А иначе мы ничего бы не знали о них. Каждый человек прибегает к помощи своего ума, поэтому сколько людей, столько и мнений. Хотя все думают об одном и том же, мысли у всех тем не менее разные. Так одна истина дробится на бесчисленные части и становится очень трудной для восприятия.

Поэтому, исчерпав все свои мыслительные способности, человек должен искать новые пути.

Следующий тип людей — *йоги*. Слово *йога* происходит от санскритского корня *юдж*, что означает «связь». Есть телефонная связь, телеграфная или телевизионная. Есть психофизическая связь, а также трансцендентная, духовная — йога.

Какая связь необходима, чтобы увидеть Бога? Как ее установить? Сначала йоги должен успокоить свои чувства и ум, а затем и вовсе остановить их деятельность. Ему следует сидеть неподвижно в асане и подавить в себе все материальные желания. И когда вся психофизическая деятельность полностью остановится, йоги сможет ощутить себя душой и осознать свое существование вне материи. Тогда он обретет способность направить свой взор на Бога, находящегося как Сверхдуша в его сердце. И если он непосредственно видит Бога, у него нет сомнений в Его существовании. Это состояние ума называется *самадхи,* экстатическим трансом. Оно находится вне логических доказательств.

Йоги не тратит силы на кармическую деятельность или бесконечные рассуждения. Он полностью отрекается от чувственных наслаждений. Чтобы стать йоги, человеку нужно иметь очень высокий нравственный уровень и твердую веру в Бога, находящегося в сердце каждого живого существа.

Если йоги недостаточно чист, то в результате своей практики он становится экстрасенсом, колдуном или мистиком, творящим чудеса. Все это побочные продукты занятий йогой, и человек не должен к ним привязываться. Благодаря постоянной медитации на Сверхдушу великие йоги не боятся покидать тело, потому что выбирают свое следующее рождение по собственному желанию.

Помимо четырех перечисленных типов людей, есть еще один, совершенно особый. Это *бхакты,* что переводится как «любовь, сильная привязанность к Богу». Бхакты наделены энергией преданности. Это свободные люди.

Они контролируются непосредственно любовью

В КАЖДОМ ИЗ НАС ЕСТЬ СВЕРХЪЕСТЕСТВЕННЫЕ СИЛЫ, И ОНИ ПРЕДНАЗНАЧЕНЫ ДЛЯ ТОГО, ЧТОБЫ МЫ УСТАНОВИЛИ СВЯЗЬ С БОГОМ

Верховного Господа, а не законами кармы, поэтому вольны делать все, что хотят, находясь высоко от греховной деятельности. Они могут работать или размышлять, медитировать или даже наслаждаться при помощи органов чувств. Но все это они делают для своего Высшего Возлюбленного.

Один мудрец путешествовал по свету. Повстречав царя, он благословил его, сказав, что тому лучше никогда не умирать. Потом он увидел человека, давшего обет безбрачия, и посоветовал ему умереть немедленно. Третьим страннику попался мясник. «Тебе лучше не жить и не умирать» — таков был совет ему. А четвертым мудрецу встретился бхакта. Обрадовался странник и сказал:

29

«Ты можешь жить, а можешь умереть, для тебя нет разницы».

Смысл этой притчи в том, что царь, имея неограниченную власть и огромные богатства, наслаждается своей хорошей кармой. Но как только он исчерпает ее и умрет, ему придется отправиться вниз. Поэтому ему лучше не умирать. Царь или президент страны принимает одну шестую часть благочестивой и одну шестую часть греховной кармы своих подданных. В наше время люди больше склонны к греховным поступкам, поэтому сейчас быть царем или президентом — очень большой риск. Человеку, давшему обет безбрачия, легко нарушить его, поддавшись чувствам. Тогда он потеряет все плоды своей аскезы. Поэтому ему лучше умереть сейчас, пока он не нарушил свой обет.

БХАКТЫ ПОЛНОСТЬЮ ПОЛАГАЮТСЯ НА ВОЛЮ ГОСПОДА, ИХ НЕ БЕСПОКОИТ, КАКИМ БУДЕТ ИХ СЛЕДУЮЩЕЕ РОЖДЕНИЕ, ИБО ТАКУЮ СВЯЗЬ С БОГОМ НЕ ВЛАСТНА РАЗРУШИТЬ ДАЖЕ СМЕРТЬ

Жизнь мясника уже сейчас подобна аду. Он причиняет боль другим. А после смерти ему будет еще хуже: он отправится в настоящий ад. Поэтому и жизнь, и смерть плохи для него. Но бхакта служит Богу сейчас и после смерти тоже будет Ему служить. Для бхакты нет разницы. Жизнь и смерть — все хорошо.

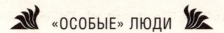 «ОСОБЫЕ» ЛЮДИ

Есть люди, не вписывающиеся ни в одну из упомянутых выше категорий. Они свободно плывут по волнам своих желаний. Им не достичь успеха ни в личной жизни, ни в накоплении богатств, ни в поисках Высшей Истины. Они не могут даже просто наслаждаться жизнью, потому что от природы имеют плохие качества: они слишком ленивы, чтобы хорошо работать, слишком глупы, чтобы размышлять о смысле жизни, и слишком эгоистичны, чтобы приносить пользу другим. Они несчастны и сами не способны ничего улучшить. Эти люди могут только жаловаться, критиковать и ждать перемен.

Их несчастья — результат греховных поступков, совершенных ими в прошлых воплощениях. В этой жизни они могли даже особенно и не грешить. Когда Иисус исцелил слепорожденного, то ученики спросили Христа, из-за чьих грехов этот

ЛЮДИ ИЗ КАТЕГОРИИ РОГИ СРАВНИВАЮТСЯ С БОЛЬНЫМИ, КОТОРЫЕ ВСЕГДА НУЖДАЮТСЯ В ПОМОЩИ. ТАКОВА ИХ ОСОБЕННОСТЬ

человек страдал — его родителей или же своих собственных. Ответ был: «Не согрешил ни он, ни родители его, но это для того, чтобы на нем явились дела Божии». Если бы Иисус сказал, что согрешил сам человек, то слепого посчитали бы самого виноватым во всем, а если бы Иисус сказал, что виноваты его родители, то ответственность за его слепоту должны были нести всю жизнь его родители. Но Иисус дал понять, что таким людям необходимо помогать из сострадания, не вдаваясь в глубокий анализ кармы.

Существует ужасная, разрушительная деятельность, которая называется *угра-карма*.

Угра означает «ужасный», «устрашающий». Иногда люди управляют друг другом при помощи силы или оружия.

УГРА-КАРМА

Под страхом смерти и наказания рабы создавали великие цивилизации, возводя прекрасные города. Все это *угра-карма*. Последствия такой деятельности обрекают на страдания миллионы людей. Например, египетский фараон строил города с помощью титанического труда рабов. И даже когда все было готово, рабов не могли отпустить, потому что теперь нужно было поддерживать то, что было создано. Отпустить рабов означало самим стать рабами своей цивилизации.

В крупных современных городах тоже есть много рабов, которых используют для поддержания столичного духа. Но привлекают их сюда не грубой силой, как раньше, а зрелищами, изысканными удовольствиями и комфортом. Управляют же ими с помощью денег, информации и рекламы. Самая изощренная форма эксплуатации — это когда у человека отнимают разум, делая его рабом похоти. Через средства массовой информации и рекламу его внимание привлекают к сексу, насилию и регулярному приему одурманивающих веществ. В результате люди становятся тупыми эгоистами, агрессивными и неудовлетворенными, но полностью зависимыми от такой системы управления.

Как-то один таксист спросил меня:

— Когда в нашей стране будут улучшения?

— А какого улучшения ты ждешь? — задал я свой вопрос.

— Ну, когда деньги дадут.

— А как ты думаешь, — спросил я снова, — много ли хорошего люди сейчас делают друг другу?

Он ответил, что хорошего нынче гораздо меньше, чем плохого, и долго ругался по этому поводу.

— Тогда почему же ты ждешь улучшения?

Он удивился такому выводу.

Занятые угра-кармой люди теряют разум. Чингиз Айтматов писал о том, как некогда, в далекие времена, люди делали себе послушных рабов (манкуртов), подвергая последних страшным мучениям особого рода. Выжившие полностью теряли волю и разум.

Они не помнили прошлого, но в то же время полностью сохраняли свои профессиональные навыки. Это было то, что нужно. Сейчас такие методы не применяются. Зато широко распространены другие. В нынешние времена люди не обладают божественным знанием, поэтому не могут использовать свой человеческий разум правильно, руководствуясь им в повседневной жизни.

При этом они думают, что в будущем наверняка станут счастливыми.

Это называется майя — иллюзия. Таков результат угра-кармы. Вместо реального знания и счастья — миражи денежно-вещевого рая. Поработители будут рождаться в порабощенном ими мире.

Противостоять этой деградации может только распространение духовного знания.

ЧТО ДЕЛАТЬ?

«Быть или не быть?» — иногда кто-то таким образом ставит вопрос. Но это некорректно. Так спрашивают о поверженном гладиаторе — быть ему или не быть? Вопрос в другом — как быть?

Как быть счастливым, совершенным, чистым, как быть разумным, честным? Потому что без этого человек вообще не хочет быть.

Итак, что же делать? Пока ничего, потому что сейчас ум слишком запутан. Сначала нужно привести его в порядок. Подумать о высшей цели человеческой жизни. Почитать священные писания.

Ведь любая деятельность зависит от умонастроения человека. Люди могут делать одно и то же, использовать те же самые инструменты, прикладывать одинаковые усилия, но результат будет разный.

Почему? Потому что деятельность должна иметь причину, направление и цель. Эти три вещи важнее самой работы.

Когда строили Красноярскую ГЭС, один журналист ходил по стройке и всех спрашивал: «Что ты делаешь?»

— Я перевожу на этом большом грузовике камни, — отвечал один.

— Я мешаю бетон, — объяснял другой.

— А я готовлю обед, — говорил третий.

И лишь один из многих сотен, а может быть, и тысячи сказал:

— Я строю Красноярскую ГЭС.

Это хороший пример. Здесь причина деятельности, цель деятельности и ее направление совпадают.

Противоположный пример — Раскольников. Он хотел выбраться из нищеты, а потом применить свои таланты на благо всего общества. Это стало причиной его преступления. Он думал, что вредная старушонка-процентщица в сравнении с ним не важнее вши. Если взять ее деньги и достичь высокого положения в обществе, то весь мир получит великое благо.

Но здесь причина и цель деятельности не совпадают с ее направлением.

Цель поступка — принести благо, а направление — грех. Как можно получить благо, совершив грех? Закон кармы утверждает обратное: что посеешь, то пожнешь. Поэтому Раскольников садится в тюрьму и не может исполнить свой «великий» замысел.

Или, скажем, человек строит Красноярскую ГЭС, но причина его деятельности — просто заработать побольше денег. Когда все люди становятся такими, ничего хорошего в этом нет.

Чтобы деятельность была гармонична и приносила счастье, все три вышеперечисленных фактора должны совпадать. Другими словами, если хочешь достичь высокой цели, все поступки и желания должны быть также возвышенны. Твоя мечта должна хранить тебя от греха.

ВЫСШАЯ ЦЕЛЬ ЧЕЛОВЕЧЕСКОЙ ЖИЗНИ

Все обретает высший смысл, когда у нас есть связь с Богом. Потому что Бог — это и есть высший смысл. Обычно человек видит не Самого Бога, а лишь Его энергии. Ведь Бог слишком велик, и наши глаза не приспособлены для Его восприятия. Человеческим умом также невозможно понять Бога таким, каков Он есть.

Бог выше человеческого понимания. В «Бхагавад-гите» Господь говорит, что все материальное проявление держится на Нем так же, как прекрасное жемчужное ожерелье на шелковой нити.

Человек видит красоту окружающего мира. Она привлекает всех и скрывает поддерживающую ее силу — Самого Бога. Однако способности разума превосходят способности ума. Первый позволяет охватить явление в целом. «Где я живу? В этой деревне, в этой области, в этой стране, на этой планете или в этой Вселенной? А может быть, где-то еще?» Такие вопросы присущи разуму. Он подсказывает, что у ожерелья есть нить.

Скажем, человек берет пшеницу, выросшую из земли, и ест ее.

У него появляется физическая сила, а также сила ума и чувств. Откуда эта сила в зерне? От дождя? Дождь из облака, облако из воды и ветра. И все это не обошлось без влияния Солнца. Источник солнечной энергии — ядерные процессы, протекающие в его недрах.

Однако сила, удерживающая атомную энергию внутри каждого атома, еще выше. Благодаря ей материя предстает перед нами в разном качестве: как воздух, земля, вода, огонь, облако и зерно. Эта организующая сила и есть Бог. Человек не может быть могущественнее ее. Ведь свою энергию он черпает именно в ней. Он подчинен в том смысле, что живет благодаря ей, но у него есть свобода выбора: он может распоряжаться ею по своему усмотрению.

В соответствии с этим законом человеку предоставляется право использовать свою энергию в каком-то из трех направлений — для разрушения, личной выгоды или всеобщего блага. Солнце светит для всех, а мы чаще думаем о себе.

В «БХАГАВАД-ГИТЕ» ГОВОРИТСЯ, ЧТО ЗЛО НИКОГДА НЕ ОДОЛЕЕТ ТОГО, КТО ТВОРИТ ДОБРО

Один сильный и смелый человек стал главарем шайки разбойников. Он учил их владеть оружием и кулаками. Обучение проходило успешно, но однажды после очередного грабежа все поняли, что главарь берет себе слишком много добычи. Другими словами, грабит собственный народ. День ото дня недовольство росло, и в конце концов всей шайкой бандиты напали на него, до полусмерти избили и обобрали до нитки. Несчастный лежал в лесу, думая о том, как несправедлива судьба.

Неподалеку жил мудрый отшельник, который нашел его. Разбойник рассказал обо всем, что с ним приключилось. «Они били меня, используя те же приемы, которым я их учил, а потом ограбили, хотя я всегда заботился об их благе. Ты мудрый человек. Скажи, почему так со мной произошло?» И отшельник ответил: «Чему мы учим людей, то мы от них и получаем. Ты учил их зависти и насилию. Это ты и получил. Если бы ты объяснил им, как любить других, тебя бы хранила эта любовь. В чем же ты видишь несправедливость?» Несчастный слушал мудреца и горько плакал, осознавая свою вину.

В «Махабхарате» говорится, что тигры защищают лес, а лес защищает тигров. Если человек несет вред и разрушение тому, что находится вокруг него, это окружение уничтожит его самого.

Люди отравили воздух и воду. Как они могут быть здоровыми? Человек, живущий ради личной выгоды, будет окружен такими же эгоистами и обманщиками. А тот, кто заботится о всеобщем благе, служа Богу, получает защиту Самого Верховного Господа.

Иногда человек думает: «Почему вокруг так много мошенников? Даже друзья и родственники меня обманывают!» Но как он оказался в таком положении? Окружающий мир просто отвечает на его желания и поступки в соответствии с законами Бога.

Когда я учился в школе, нам говорили: «Человек — это звучит гордо!» Или: «Вы должны иметь свое собственное мнение!» А потом учителя негодовали: «Почему дети такие непослушные? Вечно спорят и чуть ли не дерутся с нами!»

Да, все готовы к борьбе. Коммунисты и капиталисты, фашисты и шовинисты. Каждый хочет отстоять свою позицию. Иногда даже ценой собственной жизни. Почему так происходит?

КОММУНИЗМ ИЛИ КАПИТАЛИЗМ?

Капитализм — это воплощение жадности, а коммунизм — зависти. Жадные и завистливые люди всегда не любят друг друга. Вражда бывает двух видов — природная и приобретенная.

Например, кошка и собака не уживаются. Такова их природа. Умный и глупый тоже недолюбливают друг друга. И богатый с бедным не ладят.

Это природная неприязнь.

Что касается приобретенной, то она может возникнуть и между равными людьми, если нет честных, доверительных отношений. Коренные же

причины любой вражды — зависть и жадность.
Столкновение этих двух качеств приводит к раздражению, которое переходит в гнев, и в конечном счете наступает разрушение. Так живет весь животный мир, но люди это делают организованно, оформляя свои враждебные отношения в привлекательные названия — «коммунизм», «капитализм», «патриотизм» и т. д. Но когда человек поймет, как жить в мире и гармонии, все эти «измы» потеряют всякий смысл.

ВОЙНА И МИР, ИЛИ КАК ВРАГА СДЕЛАТЬ ДРУГОМ

И природная, и приобретенная вражда устраняется развитием любви. Потому что любовь — это главное, чего хочет любой человек. Если вы нашли источник любви, весь мир придет к вам с протянутой рукой: бедные и богатые, сильные и слабые, глупые и умные. Потому что все мы нищие в любви к Богу.

Получив крупицу божественной любви, человек должен взрастить ее в своем сердце. И не прятать от других. Любовь не терпит чувства собственности. Светильник не ставят под стол, потому что свет нужен всем. Любовь — как свет. Она нужна

ГЛЯДЯ НА СОЛНЦЕ, Я И НЕ ЗНАЛ, ЧТО СОЛНЦЕ
СМОТРИТ НА МЕНЯ. ОНО СМОТРИТ, И ТОЛЬКО ТОГДА
МОЖНО ВИДЕТЬ ЕГО. ДЫША ВОЗДУХОМ, Я И НЕ ЗНАЛ,
ЧТО ВДЫХАЮ СВОЮ ЖИЗНЬ. А КОГДА Я ВИДЕЛ
БЕСКРАЙНИЙ ТИХИЙ ОКЕАН, Я НЕ ПОНИМАЛ, ПОЧЕМУ
ОН НЕ ВЫХОДИТ ИЗ БЕРЕГОВ. И ХОТЯ Я ПРЕДПОЛАГАЛ,
ЧТО МОЖЕТ СУЩЕСТВОВАТЬ ВЫСШИЙ РАЗУМ,
Я И НЕ ЗНАЛ, ЧТО ОН УМЕЕТ ГОВОРИТЬ.

ВОСХОДЫ И ЗАКАТЫ БЫЛИ ТАК КРАСИВЫ,
НО Я НЕ ЗНАЛ, ЧТО ЭТО ЕГО ОДЕЖДЫ. НАСЛАЖДАЯСЬ
СВЕЖИМ ВЕТЕРКОМ, Я НЕ ЗНАЛ, ЧТО ЭТО ВСЕЛЕННАЯ
ТРОГАЕТ МЕНЯ. А КОГДА Я ВЕСНОЙ ПИСАЛ СТИХИ,
ТО И НЕ МОГ ПОДУМАТЬ, ЧТО ЭТО БОГ ЛЮБИТ МЕНЯ.
КОГДА Я СМОТРЕЛ НА МЛЕЧНЫЙ ПУТЬ, ТО ТАЙНА
МАНИЛА МЕНЯ, НО Я НЕ ЗНАЛ, ЧТО ЭТО ОН ЖДЕТ,
КОГДА Я ВЕРНУСЬ К НЕМУ. И Я НЕ ЗНАЛ, ЧТО СМЕРТЬ
СОВСЕМ НЕ СТРАШНА. Я НИКОГДА НЕ МОГ ПОНЯТЬ
ЕГО И НИКОГДА НЕ ПОЙМУ, НО ОН, ЗНАЯ ПЕЧАЛЬ МОЮ,
ИНОГДА ГОВОРИТ САМ О СЕБЕ.

абсолютно всем. Тогда как похоть — только тем, кто хочет жить во тьме.

Любовь к самому себе — это и есть похоть.

Желать себе большего счастья и удачи, чем другим, — это зависть. Она приводит к тому, что человек расстраивается из-за проблем, связанных с телом: его обманули, он поражен болезнью или старостью. «Увяданьем золота охваченный, я не буду больше молодым».

ЗАВИСТЬ, ЖАДНОСТЬ И САМООБМАН ВВОДЯТ ОБЩЕСТВО ЛЮДЕЙ В ЗАБЛУЖДЕНИЕ

Особенно трудно такому человеку в момент смерти.

Иногда, чтобы избавить людей от скорби, страха и страданий, приходят великие святые. Они отдают свою жизнь, проповедуя любовь к Богу и раздавая ее всем. Благодаря им многие люди встают на духовный путь и освобождаются от всех пороков. Такие святые совершенны, они не знают, что такое вражда. Иисус и Мухаммед, Моисей и Шри Чайтанья никогда не конфликтовали между собой, и этого никогда не произойдет. Тогда как простые обыватели враждуют всегда — во время пребывания на Земле великих пророков, до них и после. Люди, не научившиеся любить, неизбежно будут бояться друг друга.

Харидаса Тхакура били палками и плетьми на двадцати двух базарных площадях, а он молился за своих мучителей: «Пусть их не коснутся последствия их грехов». И ни одного шрама и даже синяка не осталось на его блаженном теле. Видя это, люди стали смело проповедовать его учение. Харидас Тхакур прославлял имена Бога, говоря об их беспредельном могуществе.

Таков путь любви — свобода от страха и печали. Ты не тело, а вечная душа. И тебе нечего терять, кроме цепей кармы. «Все принадлежит Богу» — это лекарство от жадности. «Все должно служить Богу» — это лекарство от зависти. Каждому человеку выделено определенное количество разума и в соответствии с этим — некоторое количество собственности. Брать больше — плохая карма. Это равносильно воровству.

Представьте такую ситуацию: маленький мальчик нашел стодолларовую купюру. Он понял, что это деньги, и обрадовался: «Теперь я смогу купить себе мороженого». Мальчик пошел в лавку. И продавец тоже очень обрадовался. Он дал мальчику целых три порции мороженого без сдачи. Так глупого ребенка обманули, потому что он не отнес эти деньги отцу, который мог бы использовать их ему на благо.

Разумному человеку следует заботиться о менее разумном.

Это будет правильно. На самом деле все должны помогать друг другу. Простым людям надлежит содействовать успеху тех, у кого достаточно разума, а разумным, влиятельным людям следует заботиться о своих помощниках, как о собственных детях. Таким образом все общество станет единой семьей и вражда устранится. Богатый человек должен помогать бедным, больным, лишенным крова или должного покровительства людям. В особенности ему следует заботиться о святых, которые распространяют духовные знания по всему миру. Так богатые люди приобретают уважение, никто больше не завидует им.

Все люди — это семья Бога. Господь — наш Верховный Отец. В хорошей семье есть два основных правила. Первое — слушаться старших и оказывать им почтение. А второе — любить младших и заботиться о них. В такой семье нет места вражде. Каждый человек должен научиться послушанию, выполняя волю Высшего Разума, а также заботиться о тех, кто слабее его. Иначе какой смысл людям жить вместе?

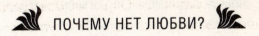 ## ПОЧЕМУ НЕТ ЛЮБВИ?

Она есть, но не развита. Любовь дремлет в сердце каждого и развивается тогда, когда человек видит перед собой идеал. Только идеал пробуждает в нас это чувство. Для всех живых существ абсолютным идеалом является Сам Бог. Насколько человек развил любовь к Нему, настолько он совершенен. В своем высшем выражении любовь божественна и способна открыть человеку Бога.

Однако в низших проявлениях она эгоистична и причиняет много страданий.

Маленькая девочка поймала кузнечика и мучила его, пытаясь оторвать ему ногу. Я сказал: «Подбрось его вверх, и ты увидишь, как он умеет летать». — «Не-ет, — ответила она, — я люблю его». Такая любовь приводит к чувству собственности, и кто-то попадает в ловушку. Настоящая же любовь дает свободу, освобождая от похоти — постоянного желания наслаждаться сексом.

Секс — это тюрьма для ума, где зарождаются все греховные желания. Тот, кто занимается им ради собственного удовлетворения, всегда зарабатывает плохую карму, последствия которой ужасны. Двадцать миллионов детей уничтожаются ежегодно в утробах собственных матерей. А те, кому все же позволяют родиться, в подавляющем большинстве не обладают возвышенными качествами и трудно поддаются воспитанию. Многие появляются на свет умственно отсталыми и больными. Животный секс делает несчастными всех детей, родившихся от похотливых мужчин и женщин. Такие дети не могут вернуть родителям свою любовь и, как правило, бросают своих близких в старости на произвол судьбы, потому что от рождения заражены их похотью.

Сексуальная энергия тоньше и сильнее ядерной, но действует по-другому. Ядерная обращает тело в пепел, но не способна сжечь в человеке качества добродетели. Поэтому он может перенести их в следующее рождение. Но сексуальная энергия, вышедшая из-под контроля, проникает глубже. Она разрушает в человеке все лучшее. Что же тогда он возьмет с собой? И кем родится?

Мысли о сексе должны быть связаны с желанием хороших детей.

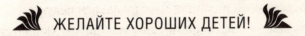

ЖЕЛАЙТЕ ХОРОШИХ ДЕТЕЙ!

Если дети желанны, они не мешают. Это наша опора в будущем. Любите их, но не привязывайтесь к ним, иначе вы все испортите. Дети — это не наша собственность, они — духовные существа и принадлежат Богу. У каждого из них своя судьба. Есть много печальных историй, связанных с эгоистической привязанностью родителей к своим детям. Расскажу одну из них.

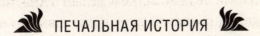

ПЕЧАЛЬНАЯ ИСТОРИЯ

Я был ребенком. У наших соседей было двое детей — мальчик и девочка. Я еще не ходил в школу, а их сын уже оканчивал ее.

«Хороший парень, — говорили учителя, — смышленая голова, золотые руки, но не хочет учиться. Родители, вы должны сделать из него человека!» Отец с матерью имели высшее образование и понимали, как важно учиться, поэтому они взялись за него.

«Не будешь хорошо учиться, всю жизнь траншеи будешь рыть или крутить баранку! Ты должен поступить в вуз. Понимаешь?» Атмосфера накалялась. Долгое время парень смиренно помалкивал, но потом стал как-то странно ухмыляться и бормотать себе под нос: «Да, буду рыть и крутить...» Родители дошли до бешенства, и отец начал его бить: «Ты дурак, тупица, я вытрясу из тебя эту дурь!» Время шло, и теперь уже весь двор, весь наш двухподъездный дом знал, что парень плохой, потому что не слушает своих родителей.

И однажды он закатил настоящий бунт. Я помню, как это было ужасно. Он сбежал из дома и в школу больше не ходил. Однако милиция быстро разыскала его в нашем небольшом северном городке. Теперь его статус-кво был окончательно установлен — он просто негодяй! Это поняли все, но родители не отступали: «Либо будешь учиться, либо сдохнешь! Кормить тебя не будем!»

Парень начал курить и однажды пришел пьяный. Откуда он брал деньги, никто не знал. Но с учебой было покончено раз и навсегда. Все вокруг ахнули: «Бедные родители, ну что за сын, просто наказание».

Отец с матерью как-то ухитрились устроить его на работу.

Как они и говорили, шофером, крутить баранку! Ему дали какую-то развалину, под которой он лежал целыми днями, пытаясь ее завести.

Выбиваясь из сил, парень крутил ручку. Он был всегда грязный с ног до головы. Мы, детвора, потешались над ним и дразнили: «Вот, не учился в школе, теперь крути баранку...» Он терпел. И свою первую получку полностью отдал родителям, надеясь на их милость. Но те хотели для сына более светлого будущего.

Вторую получку он пропил. И третью тоже. С работы его уволили за прогулы.

Тогда родители решили его женить. Девчонку нашли неплохую, всем она понравилась. Ей тоже хотелось сделать из него человека.

Через месяц он ее избил, когда они остались одни в квартире.

Больше я ее не видел. А парень стал регулярно пить водку.

Когда родители заперли его в комнате, он выпрыгнул из окна второго этажа...

Потом мы переехали из этой квартиры. Однако через много лет по воле провидения мы снова оказались с этой семьей соседями по подъезду.

Сын дома не жил, у него не было места постоянного проживания и работы постоянной тоже не было. Родители старались не говорить о нем. Но иногда он приходил. Когда отца не было дома. Внешне это был спокойный мужчина, глубоко ненавидящий своих отца и мать. Он говорил матери: «Дай деньги».

Мать боялась его: «Нет никаких денег». Тогда он брал в руки лезвие бритвы и, поднеся к лицу матери, повторял: «Дай деньги». А она бежала к нам и просила о помощи. Так продолжалось долго.

Но вот однажды он пропал. За окном зима, и никто не знал, где он, даже друзья.

Как-то раз отец его пришел к нам и попросил позвонить по телефону. Его трясло, он обзванивал все больницы и морги. И вот он нашел его: «Да... да, имя, да... тридцать два года... да». Это был морг. Таков конец этой истории. Бедный сын замерз в каком-то подвале в состоянии сильного алкогольного опьянения. Ему суждено было в этой жизни испытать на себе привязанность своих родителей, но так и не получить ни от кого любви.

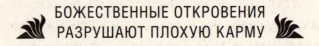

БОЖЕСТВЕННЫЕ ОТКРОВЕНИЯ РАЗРУШАЮТ ПЛОХУЮ КАРМУ

Однажды, получив божественное откровение, моя семнадцатилетняя дочь написала такой стих о Кришне:

Кришна — это такое безграничное небо блаженства, которое не умещается в моем сознании.
Но мое желание — уместить хотя бы его крупицу и удержать ее хотя бы мгновение у себя в сердце.

Когда человек непосредственно соприкасается с духовной энергией, это называется божественным откровением. Оно приходит в форме удивительного чувства счастья и приносит с собой озарение светом знания, которое открывает Бога. Поэтому-то про него и говорят «божественное».

Потрясенный столь мощным чистым переживанием, человек воспринимает все материальное как нечто незначительное, поскольку оно временно и не приносит высшего вкуса. Таким образом в нашей жизни происходит очень важная вещь — замена низменных вкусов и желаний высшим вкусом божественной любви.

Только наделенные им счастливые люди способны изменить мир.

Этот вкус необходимо ощутить абсолютно каждому человеку, чтобы иметь в своем сердце эталон чистоты. Кто-то родился, и отец с матерью уже думают о наследстве, которое они ему передадут, когда он вырастет и станет самостоятельным. Но чтобы ребенок действительно стал самостоятельным, в него необходимо вложить любовь. Иначе всю жизнь он будет ждать чего-то от других и не сможет принимать полезных и правильных решений.

❧ КАРМА НЕ ВЕЧНА ❧

Если мы честно служим Богу, нам не следует бояться закона кармы, как не боится полиции тот, кто честно служит государству. Хорошая карма или плохая — в любом случае она не вечна. Даже ад не вечен.

Даже рай. Вечно то, что за пределами ада и рая. Это царство Бога. Там нет ни греха, ни добродетели, там каждый действует, повинуясь чистому чувству любви к Богу.

Чтобы стать таким, нужно освободиться от последствий всех своих прошлых грехов и больше никогда не грешить. Как этого достичь? Лекарство одно — памятование о Боге, когда мы слушаем о Нем, говорим на связанные с Ним темы или произносим вслух Его имена с полной сосредоточенностью.

А для того, чтобы получить импульс к такой практике, необходимо общаться со святыми людьми.

СВЯТЫЕ ЛЮДИ

Однажды я увидел такого человека во сне. До этого я много о нем читал и думал, а потом он приснился. Этот сон предопределил всю мою жизнь. В нем я уже долгое время жил в тюремной больнице и хотел выйти на свободу.

И вот святой пришел ко мне, подобный океану расплавленного золота, и заполнил собой все вокруг. Я не мог поверить собственным глазам и воскликнул: «Прабхупада! Вы ко мне?» — «Да, — сказал он. — Пошли». Я даже не обулся и не взял ничего с собой. А он и не ждал, сразу повернулся и пошел мимо охраны, через железные двери на свободу. И никто не остановил нас, потому что Прабхупада не умещался в этой тюрьме. Он открыл мне удивительно прекрасный мир, который я не смогу здесь полностью описать. Вместо света солнца там была любовь. Мы шли по дороге из чистого золота. Камни на ней казались рассыпанными драгоценностями. Вокруг было много деревьев и цветов. И все это, даже воздух, было живым. Во сне я понял, что теперь мне больше ничего не нужно. Но Прабхупада сказал: «Все это будет потом. А сейчас не беспокойся и иди обратно».

Когда я вернулся, входа в тюрьму больше не было. Вокруг ходило множество людей, и все громко пели имена Бога, играя на разных инструментах и танцуя на ходу. Я почувствовал радость и присоединился к ним.

Проснувшись, я совершенно ясно понял, что́ мне нужно делать дальше.

Позже я узнал: сны, в которых человеку снятся святые, полубоги или предки, являются особой реальностью. В то время как обычные — это просто карма, они запутывают ум человека.

Чтобы избавиться от кармы, следует действовать из любви к Богу и служить всем людям, давая им духовное знание. При этом нужно быть терпеливым, встречаясь с непониманием со стороны людей, их грубостью или враждебностью. Невзирая ни на что, мы не должны опускаться до уровня таких людей, отвечая им тем же. Другими словами, даже если мы получаем яд, от нас должна исходить только любовь.

Человек, который так себя ведет, называется святым. Уже много лет я живу с Прабхупадой, с его наставлениями, несмотря на то, что он ушел из этого мира в 1977 году, а я видел его лишь во сне. Постепенно я понял, что пространство и время не могут скрыть от нас святость таких людей, потому что мое стремление общаться с Прабхупадой с годами становится все больше и больше, перерастая иногда в чувство глубокой разлуки, когда можно только плакать. Прабхупада, пожалуйста, никогда не оставляйте меня.

То, что вы дали мне и многим-многим людям, невозможно выразить словами, но также невозможно и долго скрывать от других. Поэтому я пишу эти строки, хотя и не могу найти нужных слов.

Обычно родители действуют по отношению к своим детям как святые.

Они любят их, даже если те не отвечают взаимностью. Так же терпеливы должны быть руководители по отношению к своим подчиненным.

Главе государства следует думать о благе своего народа, даже если тот бунтует. Всем людям надлежит действовать из чувства долга, согласно своей природе и быть добрыми ко всем окружающим.

Поступая так, невозможно совершить грех. Ведь грех — это поступок, совершенный ради собственного наслаждения. Но если мы хотим наслаждаться вместе с Богом — это не грех. Поэтому, чтобы стать святым, нужно каждый день петь и танцевать, воспевая имена Бога, и честно выполнять свои профессиональные и семейные обязанности. Нам следует также говорить о Боге, чтобы все вокруг стали счастливы.

Раньше я иногда слышал слово «Бог», но не мог даже представить себе, что Он так близко.

БОГ — ВСЕПРИВЛЕКАЮЩЕЕ ЖИВОЕ
СУЩЕСТВО, ОБЛАДАТЕЛЬ ЭТОГО
МИРА, ОН СОЗДАЕТ ВЕЛИКОЕ
РАЗНООБРАЗИЕ ЭНЕРГИЙ И ФОРМ,
ЧТОБЫ ЧЕЛОВЕК НАСЛАЖДАЛСЯ
СВОЕЙ СВОБОДОЙ ВЫБОРА.

НО КОГДА ЧЕЛОВЕК ИСЧЕРПАЕТ ВСЕ
СВОИ ПОПЫТКИ БЫТЬ СЧАСТЛИВЫМ,
ОН ПОСТЕПЕННО ПОЙМЕТ,
ЧТО БОГ — ЭТО ЕГО САМЫЙ
ЛУЧШИЙ ВЫБОР.

Часть 2

КАРМА-ЙОГА

 ## ПРАРАБДХА-КАРМА. ПРОСТО НЕСИ СВОЙ КРЕСТ

У каждого из нас есть *прарабдха-карма*. Она сбивает с толку: просто неси свой крест. *Прарабдха* означает «проявленный» или «то, что существует как факт». А факт, как известно, вещь упрямая, и с ним приходится считаться, даже если приятного в нем мало. Подобно тому, как в семье есть дети плохие и хорошие.

Но родители принимают и тех, и других, давая им все необходимое для жизни.

Такова прарабдха-карма, или то, чего изменить уже нельзя, поскольку это свершившийся факт. Скажем, у меня появилась неизлечимая болезнь. Теперь я вынужден считаться с ней и всю оставшуюся жизнь ходить по врачам. Так же и проявленная карма представляет для меня реальную опасность. И если я не буду обращать на нее внимания, она может разрушить мою жизнь. Пожар, долги и болезни нужно гасить немедленно, их нельзя игнорировать.

Прарабдха-карма накладывает на нас обязанности, которые необходимо выполнять.

Иначе мы лишь усугубим свое положение, и последствия будут необратимыми.

Именно так человек попадает в ловушку кармы, думая, что, поскольку у него есть тело, его главная обязанность теперь — удовлетворять потребности тела, иначе он умрет. Ему кажется, что он не проживет без работы и магазинов, без должности, машин, фабрик и заводов, без политики и атомной бомбы... Наркоман думает, что и дня не протянет без наркотиков, а алкоголик — без водки.

ПРОЯВЛЕННАЯ КАРМА НАВЯЗАНА МНЕ ЗАКОНАМИ МОЕЙ ПРОШЛОЙ ЖИЗНИ

Однако, оглянувшись вокруг, можно заметить, что рядом с нами живут животные и птицы, и они не думают так. А деревья вообще сотни лет стоят на одном месте. Почему? Потому что прарабдха-карма проявляется у всех по-разному.

Ученый полагает: если сам он не способен жить на Луне, жизнь там в принципе невозможна. Но это лишь потому, что у него нет «лунного» тела.

Рыба обитает в воде, а я так не могу.

Но если мне пересадить рыбьи жабры, это станет возможным. А если вдобавок снабдить меня плавниками и покрыть тело скользкой чешуей, мне будет очень удобно. Осталось только забыть о том, что когда-то я был человеком, и мне можно будет навсегда остаться в воде.

Другими словами, если дать мне тело и ум рыбы, я смогу жить в воде.

Всего во Вселенной имеется восемь миллионов четыреста тысяч форм жизни.

Упоминание об этом можно найти в древних Ведах. И все эти формы созданы для нас. Мы можем получить любую из них. И когда это происходит, сбитая с толку душа принимает новое тело как неоспоримый факт и не может думать и жить как-то иначе. Зимой на озере можно увидеть рыбу, плавающую подо льдом. И если человек думает, что ей так же холодно, как и ему, это глупость.

В ЛЮБОЙ ФОРМЕ ЖИЗНИ ЖИВОЕ СУЩЕСТВО ИЩЕТ СЧАСТЬЯ, НО НЕ ИСПЫТЫВАЕТ ПОЛНОГО УДОВЛЕТВОРЕНИЯ

Тело, или прарабдха-карма, связано с местом, временем и обстоятельствами. У каждого тела свой срок жизни, свое место под солнцем и свое окружение. Это практически невозможно изменить.

Например, есть люди, живущие в условиях вечной мерзлоты или в пустынях. Они не покидают своих мест, считая их лучшими.

ТЕЛО — ЭТО ПРОДУКТ ПРОШЛОЙ ДЕЯТЕЛЬНОСТИ ЧЕЛОВЕКА

Один человек, решив повидать мир, пустился в путь, оставив жену и детей. Он очень долго путешествовал и всегда скучал по своим родным. Однажды ночью во сне он перевернулся головой в обратную сторону. И поэтому, проснувшись, пошел обратно к себе домой. Через некоторое время он добрался до деревни, напоминавшей его родную, и встретился там с женщиной, очень похожей на его жену. У нее были дети, в точности подобные его детям.

Человеку понравилось там, и он остался с ними. Но всю свою жизнь продолжал скучать по своей «первой» семье.

Куда бы ни пошел человек, прарабдха-карма отправится вместе с ним. Например, ребенок, где бы он ни оказался, так или иначе все равно остается ребенком. Если ворона сядет на воду, от этого она не станет лебедем. Проявленная карма навязана нам законами природы и соответствует нашей прошлой деятельности.

Долгое время она была не проявлена и называлась *апрарабдха-карма*.

АПРАРАБДХА-КАРМА — ПИЩА УЖЕ СЪЕДЕНА

Совершенная нами деятельность, так же, как пища, которую мы съели, переходит сначала в непроявленное состояние. Переваренная пища даст о себе знать в форме энергии и крепкого здоровья.

А может, наоборот — в виде болезни. Бывает и такое: кто-то съедает собственную смерть. Это зависит от качества пищи.

Точно так же совершённая карма вначале станет непроявленной, а затем заявит о себе. Съеденная пища хранится в желудке, а где же хранится моя карма?

КАРМА ХРАНИТСЯ В УМЕ

Однажды я наблюдал, как человек изо всех сил бил молотком по какой-то детали машины. Он ремонтировал ее. И с каждым ударом молотка лицо его искажалось. Я понял, что эта деятельность оказывает влияние на его ум, и подумал: «Как же повлияет на ум удар молотка на бойне, предназначенный для того, чтобы убить живое существо?»

Одного наемного убийцу как-то спросили: «Что ты чувствуешь, когда нажимаешь на курок?»

Он ответил: «Ничего чувствовать не надо, нужно просто нажать. Если думать, что перед тобой живой человек, что у него есть мать и жена, то не сможешь выстрелить. Нет, он просто мишень».

Другими словами, чтобы заниматься такой работой, нужно перестать видеть разницу между живым и мертвым, полностью забыть про душу. Души нет и Бога тоже, а значит, нет и ответственности за свои поступки. Теперь все можно. Законы же правосудия относительны, они как дышло: куда повернул, туда и вышло.

ЗАБЫТЬ РАЗНИЦУ МЕЖДУ ЖИВЫМ И МЕРТВЫМ — ЗНАЧИТ ЗАБЫТЬ ДУШУ

Таким становится ум того, кто творит злодеяния. И человек уже видит не сам закон, а возможность его нарушить. Он замечает, где можно обмануть или безнаказанно украсть.

Таким образом, убийство приводит к тому, что у человека развивается мышление вора. И наоборот, воровство порождает менталитет убийцы. Вор и убийца думают, что они выше законов общества, и живут, опираясь на свою собственную мораль. Они не могут быть честными людьми, но между собой говорят: «Теперь мы поделим все честно».

Такая «честность» не находит поддержки у добродетельных, безгрешных людей. Поэтому, пытаясь противостоять обществу, негодяи начинают объединяться. И даже создавать партии, чтобы добиться признания.

Вот почему во времена «Махабхараты» преступников наказывали очень сурово. Убийц казнили, а ворам отрубали руку. В конце концов убийцы просто вымирали, а безруких воров сразу было видно. И смысл наказания в том, чтобы пресечь греховные мысли. Люди раскаивались в содеянном, а их ум очищался. Даже греховный человек мог быть честным перед самим собой и искренне обратиться к Богу. А Бог нужен абсолютно всем. Впрочем, у любого правила есть исключения.

КОГДА ГРЕХ ПРИЗНАН, ВСЕ ОБЩЕСТВО ПРЕВРАЩАЕТСЯ В ВОРОВ, И ВОССТАНОВИТЬ ПРИНЦИПЫ ЛЮБВИ, ДОВЕРИЯ И СПРАВЕДЛИВОСТИ СТАНОВИТСЯ ПОЧТИ НЕВОЗМОЖНЫМ

БУНТ. Я ПЛОХОЙ И НЕ СОБИРАЮСЬ СТАНОВИТЬСЯ ХОРОШИМ

Есть люди, которые не способны изменить себя в лучшую сторону. Для них это очень трудно. Им легче изменить все вокруг, чем самого себя. Дело в том, что они слишком любят себя и превыше всего ценят собственное мнение. Поэтому не могут пойти на уступки ради других людей. Понимая свою неспособность улучшиться, они возводят это в принцип, противопоставляя себя обществу. Для таких людей характерны постоянные конфликты на работе и в семье. Это психология бунта. В ней представлены два качества — невежество и упрямство. Очень интересное сочетание.

В ЭТОМ МИРЕ АБСОЛЮТНО КАЖДЫЙ ЗАРАЖЕН ПСИХОЛОГИЕЙ БУНТА, ПОЭТОМУ ЗДЕСЬ ВСЕ ЭКСПЛУАТИРУЮТ ДРУГ ДРУГА

Среди животных такими качествами обладает осел. Он тупой и упрямый, поэтому его легко эксплуатировать. Глупца можно просто накормить обещаниями — о светлом будущем, о прогрессе науки и техники, о счастье в семейной жизни, — и он будет работать.

Каждый строптив, но будет «пахать» до седьмого пота, если ему пообещать денег.

Осел упрям, но его легко заставить работать, показав пучок травы или морковку, и он пойдет за ней, нагруженный до предела.

Он не понимает, что его используют. Ведь травы и так полным-полно вокруг. Но осел глуп и поэтому думает, что ему нужен хозяин и работа и только тогда он будет счастлив.

Человек, подобный ослу, ищет у всех покровительства, но его все эксплуатируют. По закону кармы бунтарское умонастроение и глупость наказываются эксплуатацией. Но когда человек обретает духовные знания, его уже невозможно так обманывать. Поэтому великие эксплуататоры обычно были и великими врагами знания.

Когда Мухаммед проповедовал учение о Едином Боге, он говорил, что перед Господом все равны. Нет разницы между бедным и богатым, мужчиной и женщиной, потому что все мы братья. Такая проповедь возмутила

НЕВЕЖЕСТВЕННЫЕ «ИЗМЫ» СПОСОБНЫ ОБЪЕДИНИТЬ МАССЫ ЛЮДЕЙ, КОТОРЫЕ В СВОЕМ НЕВЕЖЕСТВЕ ПОЙДУТ ЗА СЛЕПЫМИ ЛИДЕРАМИ

всю знать, и немедленно начались гонения. Но быть врагом духовного знания — знания о душе, знания о самом себе — означает быть врагом самому себе. Такой человек остается в невежестве и погибает.

КАРМА-БАНДХАНА

Бандхана переводится как «путы» или «цепи». Карму невозможно распутать, ее можно разрубить. Хотя закон кармы — подлинный закон природы, в него не стоит углубляться. Наш разум просто запутается. Это закон Бога, а значит, понять его во всех тонкостях невозможно.

Стремление разобраться в нем подобно попыткам выбраться из болота: чем больше усердствуешь, тем сильнее завязаешь.

Поэтому нет смысла диагностировать карму, нужно лишь хорошо знать ее основной принцип.

Механизм, производящий карму, — это наш ум. Он — первое звено движения кармы. И хотя с него все началось, сейчас он не способен разобраться и понять свое собственное положение, поскольку совершенно запутался. Это и есть *карма-бандхана* — путник забирается глубоко в лес и, не находя выхода, остается там навсегда.

МАШИНА, ПРОИЗВОДЯЩАЯ КАРМУ, – ЭТО УМ ЧЕЛОВЕКА. ЕСЛИ ОСВОБОДИТЬ УМ, ДАВ ЕМУ ЗНАНИЕ, ТО ОСВОБОЖДАЕТСЯ И САМА ЛИЧНОСТЬ

Однако секрет в том, что нужно освободить ум, дав ему знание. Тогда освобождается и сама личность.

Возьмем пример: плохая экология. Воздух и вода загрязнены, высокая радиация.

В чем причина? Конечно, промышленные отходы. Так много фабрик и заводов.

Гонка вооружения. Для чего это нужно?

Заводы необходимы, чтобы улучшить нашу жизнь в городах и поселках, а также обеспечить безопасность. Правильно.

Но что же делать с экологией?

Может быть, нужны более качественные очистные сооружения? Давайте доставлять чистую воду в магазины. Установим в крупных городах автоматы с кислородом.

Изобретем новые лекарства, выводящие вредные шлаки из организма.

Предложений много, но окружающая среда от этого чище не становится, и мы стоим перед выбором — больше хороших лекарств или остановить работу заводов. Этот вопрос невозможно решить с помощью медицины или экономики. И даже с помощью диагностики кармы. Нужно просто вспомнить тот первый шаг, который сделали люди, выбрав данное направление.

Мы хотели жить в многоэтажных домах, удобных городах, где все необходимое есть в магазинах. Где, просто заработав деньги, можно иметь все, что пожелаешь. Где всю черную работу сделают машины, а мы будем просто радоваться жизни и улыбаться друг другу. Мы хотели почувствовать себя свободными хозяевами этого мира, а не рабами, прикованными к изнурительному труду. Другими словами, мы хотели стать господами своей судьбы и наслаждаться жизнью, полагая, что все вокруг принадлежит нам.

Так мы запутались в трех соснах. Кто настоящий хозяин этого мира?

Кому все принадлежит? Кто вправе первым наслаждаться жизнью? Кто является лучшим другом каждого? Мы забыли о Боге. Он подобен желудку в теле, о котором нельзя забывать. Он первый наслаждается пищей, наделяет энергией все тело, и он наш друг. Все части тела должны работать для удовлетворения желудка, тогда они сами будут удовлетворены.

Представьте, что руки, ноги и голова решили стать свободными хозяевами и наслаждаться независимо от желудка. И действительно, голова так много думает, руки и ноги все время трудятся, а что делает желудок? Наслаждается пищей, которую зарабатывают другие. Разве это справедливо? Но смогут ли все части тела наслаждаться пищей без желудка? Нет. Она просто станет причиной их страданий, наполнив все тело шлаками.

Также и загрязнение окружающей среды искусственно создано человеком, который хотел наслаждаться независимо от законов природы. Ведь природа не загрязняет сама себя, она самовосстанавливающаяся, и именно поэтому мы до сих пор еще не вымерли. В природе нет мусорных свалок, нет также и проблемы голода.

Вы не найдете ни одного муравья, который умирал бы от голода, лежа в лесу под деревом.

Вся Вселенная сбалансирована. Каждый атом расположен на своем месте. И здесь, на этой планете, также все совершенным образом устроено. Каждый элемент находится в строгих пропорциях с другими элементами. Земля, вода, огонь, воздух и эфир — все они сбалансированы.

Если на Земле произвести ядерный взрыв, это приведет к тому, что количество огня резко увеличится, и баланс на планете нарушится, тогда как на Солнце этот взрыв будет незаметен, поскольку там другое соотношение стихий.

ВСЕ ВСЕЛЕННЫЕ, СОЗДАННЫЕ БОГОМ, СБАЛАНСИРОВАНЫ ТАК, ЧТО КАЖДЫЙ АТОМ НАХОДИТСЯ НА СВОЕМ МЕСТЕ

Элементы, из которых состоит наше тело, находятся в нем в тех же пропорциях, что и в окружающей нас среде. Поэтому между ними должно быть равновесие.

Радиация — это разновидность огня, и когда его слишком много, тело будет болеть или погибнет. Если мы будем поддерживать здесь адские условия жизни, то и люди станут адскими созданиями, больными мутантами, которые будут мучить друг друга, совершая адские поступки. Может, лучше создать рай на Земле?

ВЕРНУТЬ УТЕРЯННЫЙ РАЙ, ИЛИ КАРМА-ЙОГА

Я не наслаждающийся и не господин этого мира. Я тот, кто дает наслаждение, приносит радость Богу. Я Его слуга. Поэтому я готов жить на благо всех людей. Жизнь моя — это жертва на алтарь чистой любви. Боже, дай мне разум и великую силу, чтобы исполнить волю Твою. Растопи мое окаменевшее сердце и прими его в дар от меня.

Деятельность в подобном умонастроении называется *нишкама-карма. Кама* означает «материальные желания», а *нишкама* — «без материальных желаний» или «бескорыстно». Бескорыстный человек очень быстро обретает равновесие ума и утверждается в йоге. Он не скорбит о потерях и не радуется приобретениям. Это и есть йога.

Как кассир в банке: к нему часто приходят люди, чтобы положить на счет деньги или снять их со счета. Но он не радуется и не печалится, даже выдавая миллион долларов. Только представьте, если бы он принимал все это близко к сердцу: «О, я только что выдал миллион долларов! Как мне дальше жить? Но вот опять какие-то деньги принесли, у меня есть надежда. Ах, кажется, снова пришли за деньгами». Он не смог бы выдержать и нескольких дней такой нагрузки. Конечно же, кассир понимает: все деньги принадлежат банку. Поэтому личные желания не всплывают

БЕСКОРЫСТНЫЙ, БЕСПРИСТРАСТНЫЙ ЧЕЛОВЕК ОЧЕНЬ БЫСТРО ОБРЕТАЕТ РАВНОВЕСИЕ УМА И УТВЕРЖДАЕТСЯ В ЙОГЕ и не беспокоят его. Но как не переживать обладателю своих собственных сбережений?

Богатые люди лишаются покоя и не могут уснуть без снотворного.

Человек должен знать, что все принадлежит Богу. Ему следует подумать, как все свои деньги вернуть их подлинному хозяину. Тогда можно будет спать спокойно. «Где богатство ваше, там и сердце ваше». Такова карма-йога.

Есть люди, ум которых настроен на то, как получить, как взять. Но лучше думать, как дать. Потому что таково умонастроение жителей духовного царства. Обычно нам кажется, что отдать свою собственность — все равно что потерять ее. Но это далеко не так. Человек теряет тогда, когда тратит что-то впустую. Отдавая, нужно делать это с максимальной пользой для всех, что, впрочем, не так уж просто, как может показаться на первый взгляд. А вдруг мой дар никому не нужен?

Например, я хочу осчастливить мир музыкальным шедевром, но могу ли я и в самом деле его создать? Все хотят делать великие вещи, но не все могут. Чтобы давать, нужно иметь особые способности, талант. Или просто быть достаточно разумным. Другими словами, необходимо стать полезным человеком. А иначе мы не сможем ничего хорошего дать, а будем только брать. Так делают маленькие дети. Но взрослые способны приносить большую пользу. Поэтому многим из нас нужно повзрослеть, иначе последствия будут необратимыми.

Чем опасна раковая клетка? Она только берет, но ничего, кроме отходов, не выделяет. Так постепенно она съедает все здоровые, дающие энергию органы. Должен быть обмен веществ, постоянное распределение собственности. Это называется *ягья*, или жертвоприношение.

ЖЕРТВОПРИНОШЕНИЕ

Карма предназначена для ягьи. На самом деле у кармы есть две причины. Одна — это поддержание здорового образа жизни, а вторая — жертвоприношение. Жертва — это то, что отдано из чувства долга или в знак благодарности, в знак любви. Она обеспечивает человеку мир и процветание.

Нужно быть благодарными Богу и посвящать Ему всю свою деятельность. Господу от нас ничего не нужно, поскольку Он самодостаточный и все принадлежит Ему. И все же Он не отказывается от наших даров, принесенных с любовью, всегда желанной для Него. Принимая ягью, Господь возвращает нам эту любовь, чтобы мы жили в наполненной ею атмосфере. Он посылает нам ответные дары в виде богатых урожаев, процветания и достатка.

Поэтому все, что предлагается Богу, возвращается ко всем людям, а не скапливается где-то в одном месте. Как маленький ребенок часто идет дарить отцу то, что получил от него сам. Видя любовь малыша, отец непременно возьмет его нехитрый дар и с большим чувством снова вернет всем своим детям.

Мы вырастили хороших детей — значит, дали им все, что только могли. Такова жертва родителей. Затем дети, возмужав, заботятся о своих престарелых родителях. Это жертва детей. Так дети и родители приносят благо друг другу. Я спросил одного индуса: «Какую пенсию выплачивают старикам в Индии?» — «Пенсий нет», — ответил он. «А кто же их поддерживает?» — удивился я. «Дети», — спокойно сказал он.

Кто-то возразит: «Счастье приносят только хорошие дети, а от плохих одни лишь страдания. И как быть, если детей нет вообще?» Но дело не в этом. Все, что бы ни делал человек, он должен совершать как ягью. Даже зачинать детей. Только тогда он может рассчитывать на счастье в этом мире. Ягья приносит людям счастье.

НЕ МЕЧИТЕ БИСЕР ПЕРЕД СВИНЬЯМИ, ИЛИ НЕ ДАВАЙТЕ МИЛОСТЫНЮ КОМУ ПОПАЛО

На тротуаре сидел нищий. Ему бросали деньги. Я прошел мимо, а вернувшись через час, снова увидел его, но уже мертвецки пьяным. Ягья должна быть разумной, иначе результат будет обратным. Из сострадания можно построить таким людям крышу над головой, накормить их и одеть.

Но давать им деньги нельзя. Деньги подобны дождю, который проливается на семена желаний. Куда попадет, то и вырастет. Сама по себе работа и даже ее плоды не принесут человеку счастья.

Для счастья предназначена ягья, или жертва. Потому что она разрубает путы кармы. Сказано, что все живые существа поедают друг друга для того, чтобы поддерживать свою жизнь. При этом каждому виду предназначена своя пища.

ЧЕЛОВЕКА ОПРЕДЕЛЯЮТ ЕГО СОБСТВЕННЫЕ ПОСТУПКИ

В этом есть определенный порядок. Что было бы, если бы все формы жизни стали вдруг всеядными? Насекомые и растения, животные и люди. Выжить тогда никому практически было бы невозможно. К счастью, у каждого вида своя пища и свой срок жизни. Так в мире поддерживается порядок.

Однако у человека есть великое преимущество — ему дана свобода выбора. Он может вести себя как животное, и тогда все скажут, что это не человек, а просто скотина, или как святой, и тогда его назовут сыном Бога. Человек бывает таким разным, потому что выбор за ним.

Человек — это соответствующее поведение, а не просто рождение. Животное определяется по рождению, тогда как человек — по поступкам. Наше поведение зависит от качеств характера, характер — от воспитания, а воспитание — от врожденной природы человека. Врожденная природа называется *гуна-карма*.

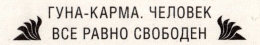 ГУНА-КАРМА. ЧЕЛОВЕК ВСЕ РАВНО СВОБОДЕН

Гуна означает «качество». Качества, присущие нам от рождения, определяют нашу деятельность, карму. Склонность к определенной деятельности уже есть в человеке от природы. Эта деятельность обычно становится его профессией.

Я люблю эту работу и имею в ней успех, мне нравится это делать. Так человек наслаждается своей природой.

Но также в нас есть и плохие качества, от которых мы страдаем. Они не присущи нашей духовной природе, а являются своего рода привычкой, которая сформировалась определенным стилем жизни и поступками. Например, курить не свойственно человеку от природы, но он может к этому привыкнуть. Курение станет для него «естественным», как бы его новым качеством.

Так поступки — *карма* — становятся *гуной*, качествами человека. Приобретенные качества снова влияют на наши поступки, а те, в свою очередь, создают новые привычки, и так далее. Гуна и карма всегда оказывают взаимное влияние друг на друга. Например, кто-то ленив, такова его гуна, природа, но это качество можно изменить, заставив его работать. Меняя деятельность, можно изменить качество. Поэтому на самом деле человек — хозяин своей судьбы и полностью свободен в выборе.

Но если он не различает, что плохо, а что хорошо, где добро, а где зло, если он находится во тьме невежества, как тогда он воспользуется своей свободой?

Чтобы стать по-настоящему свободным, нужна не только решимость. Требуются также знания. Вот водитель, который не знает правил дорожного движения. Может ли он свободно ездить по городским улицам? Он будет бояться каждой машины и каждого поворота. Или как будет себя чувствовать человек, которого оставили одного в темном лесу, сказав, что теперь он полностью свободен?

Это правда, что мы — свободные люди. Но проблема в том, что никто не знает, что с этой свободой делать. Мы испытываем страх: свободная жизнь кажется нам непредсказуемой. Но человеку не следует бояться, просто он должен знать законы Бога.

КАРМА — ЭТО ЗАКОН БОГА

Каждый склонен к незаконной деятельности. Но эта склонность контролируется нашей совестью, а если она не развита, то законами государства, которых мы обычно боимся. С помощью страха ребенка можно заставить отказаться от плохих поступков. Постепенно он привыкнет, хорошее поведение станет для него естественным, и тогда его больше не нужно будет пугать наказанием.

ЗАКОНЫ БОГА МОГУТ СИЛЬНО ОТЛИЧАТЬСЯ ОТ ОБЫЧНЫХ ДЛЯ НАС ЧЕЛОВЕЧЕСКИХ ЗАКОНОВ И ПОТРЕБНОСТЕЙ

Иногда греховным людям рассказывают об адских мирах. Во всех деталях. Чтобы вызвать чувство страха за совершённые грехи.

Потому что страх может остановить плохую карму, и тогда начнутся перемены к лучшему:

77

качества людей изменятся. Когда качества меняются, то же происходит и с поступками. Поэтому наказание — необходимое условие для прогресса. Лучше всего, если наказывает святая личность, духовный учитель.

Но это хорошо лишь для тех, у кого сильно развито чувство совести, кто в принципе боится греха. Если же человек не обладает такой чистотой, нужно, чтобы его на общих основаниях наказал закон государства, который является внешним проявлением человеческой совести. Такого человека страшит не сам грех. Он сильно боится наказания. Практически все невежественные люди, даже если они виновны, стараются избежать наказания. И у многих это даже получается при жизни.

Я БЫЛ РОЖДЕН ВО ТЬМЕ НЕВЕЖЕСТВА, НО МОЙ ДУХОВНЫЙ УЧИТЕЛЬ ОТКРЫЛ МНЕ ГЛАЗА И РАССЕЯЛ ТЬМУ ЛУЧОМ ЗНАНИЯ

Однако, когда они оставят свои физические тела, их накажут очень сурово. Верховные законы предопределят их следующее рождение. Поэтому смерть для таких людей является высшим и самым страшным наказанием. Человек может ничего не бояться лишь тогда, когда совесть его полностью чиста.

ТЕЛЕНОК НАЙДЕТ СВОЮ МАМУ

Избежать наказания за совершенный грех невозможно, потому что законы кармы тоньше человеческого разума. Когда-то в детстве мы ходили по ручью и ловили маленькую рыбку. Ее называли колюшкой, потому что на спине у нее росли три колючих шипа. Эта рыбка пряталась от нас, забиваясь к нам прямо под ноги.

Чувствуя укол, мы понимали: рыбка попалась. Она же думала, что спаслась. Все люди прячутся от неприятностей и стремятся к тому, что приятно. Так и определяется их судьба.

На эту тему есть поучительная история.

Послала жена мужа на рынок за овощами. Пошел муж и увидел там за прилавком свою смерть, которая улыбалась ему, широко раскрыв глаза. Испугался человек, выронил деньги и сумку и убежал домой. Жене сказал, что не может оставаться здесь больше ни секунды и должен срочно выехать в другой город к своему брату. Собрался и уехал.

Жена поняла: что-то случилось на рынке. И немедленно отправилась туда. Там за прилавком она увидела смерть. «Это ты напугала моего мужа!» — закричала она. «Прошу прощенья, я никого не хотела пугать, — спокойно сказала смерть. — Просто я очень удивилась, когда увидела здесь вашего мужа. Ведь завтра я жду его в другом городе у его брата».

Все грехи человека принимают формы различных страхов и гонят его навстречу собственной судьбе, которая кажется ему единственным прибежищем, дарующим счастье. Даже если мы забыли о своих грехах, они о нас помнят. Теленок из тысячи коров сразу распознает свою мать и придет к ней.

Если, скажем, меня кто-то убил в этой жизни, то в момент смерти мой ум с огромной силой зафиксирует это событие. В памяти отпечатаются психотип убийцы, его настроение, гнев, его глаза... В следующей жизни я не буду об этом помнить. Но, встретив своего убийцу в новом теле, я немедленно узнаю его по психофизическим признакам, почувствую страх и очень скоро возненавижу.

А кого-то могу так же быстро полюбить, казалось бы, почти не общаясь с ним до этого. Так теленок обязательно находит свою маму.

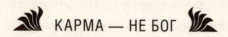 КАРМА — НЕ БОГ

Карма — это взаимодействие добра и зла. Источником этих энергий является Бог, но Он не добро и не зло. Он выше, потому что управляет Своими энергиями.

Человек может лишь создавать карму, но не способен по собственному желанию ее разрушить. Поэтому ему приходится ее отрабатывать. Как в тюрьме: кто-то преступил закон и теперь отбывает свой срок. Таково общее правило.

Но бывают еще и амнистии. Амнистия — это совсем другой закон, закон гуманности и милосердия. Он выше рациональных причинно-следственных механизмов кармы, потому что исходит не из холодного разума судьи, а из любви к человеку. Этой любви ждет каждый. Даже тот, кто должен быть наказан. Человек всегда надеется на милость. Иногда, получив прощение, преступник настолько сильно меняется, что о наказании больше не может быть и речи. Око за око, зуб за зуб — это правило справедливо в условиях войны. Однако мир нужно поддерживать только силой любви и прощения.

Ударили по левой щеке, подставь правую. Так решают конфликты возвышенные, добродетельные люди.

Но на низших уровнях сознания порядок устанавливается с помощью кровной мести и грубой силы. Так происходит сейчас по всему миру. Но если хотя бы два процента людей на Земле полностью прекратят грешить и искренне обратятся к Богу, вся планета очистится, и начнут происходить чудеса.

Один русский священник рассказывал, как в годы Второй мировой войны он был офицером в армии. Однажды бойцы готовились к мощной атаке и заняли позицию, на которой не планировали закрепляться надолго. Операция проходила в строжайшей тайне, но фашисты рассекретили ее, внезапно ответив контратакой.

Появились сплошные ряды бомбардировщиков, так называемое ковровое покрытие. Это была катастрофа, потому что спрятаться было негде.

Наш герой увидел: начинается мясорубка. И понял, что шансов уцелеть у него практически нет. Последнее, за что уцепился ум, — только Бог поможет.

Но молитв он не знал и поэтому стал просто говорить то, что было у него на сердце в эту самую трудную минуту своей жизни. Он молил Бога простить его, если он совершил какой-то грех, просил сохранить ему жизнь и даже пообещал, что уйдет в монастырь, если останется в живых. Так изо всех сил он молился.

И вдруг все стало тихо. Он смотрел, как бомбы медленно падают сверху, медленно разрываются, видел даже летящие осколки и успевал отворачиваться от них.

Так, чудесным образом, он был спасен. Его нашли контуженным и отправили самолетом в тыл. По дороге он думал: на самом ли деле его спас Бог или это были его личные способности? Сомнения брали верх, но в этот момент их самолет был сбит, и наш будущий священник оказался один в воздухе и повторил свою молитву с еще большей силой...

Он упал в стог сена и снова остался в живых. После этого случая он обрел твердую веру и, когда война окончилась, выполнил свое обещание перед Богом.

Подобных примеров в истории немало. Однако иногда кажется, что Бог не отвечает на молитвы.

 ## НЕ ВСЕ МОЛИТВЫ БОГУ ПО ДУШЕ

Из многих десятков тысяч людей едва ли найдется хотя бы один, который действительно интересуется Богом. Даже верующие в большинстве своем не имеют такого интереса. Конечно, все хотят, чтобы Бог им помогал. При этом никто не думает о том, как послужить Ему. Каждый рассуждает: «Я буду жить как хочу, а если у меня вдруг возникнут проблемы, пусть Бог придет и избавит меня от них. Чтобы я снова мог делать все, что мне нравится.

Пусть Он устроит так, чтобы меня никто не обманул, чтобы я не болел, чтобы был богат и чтобы все мои враги были наказаны».

Многие благочестивые люди верят, что Бог есть, но живут так, как будто Его нет. Другими словами, люди утратили свои взаимоотношения с Ним. Бог — лучший из всех живых существ. Поэтому, естественно, является для них лидером. Он опережает всех во всем, даже скорости мысли не хватит, чтобы угнаться за Ним.

Он выше причин и следствий, потому что является изначальной причиной всего сущего. У Его существования нет причины, кроме Него Самого.

Можно ли закрыть солнце руками? Бытие Бога безгранично.

Он не умещается в рамки какой-либо религии и не принадлежит ни одному народу. Напротив, все принадлежит Ему. Он дает прибежище всем живым существам, снабжая их всем необходимым для жизни. Он знает каждую душу.

Господь отвечает нам в соответствии со степенью нашей преданности. Поэтому дело не в просьбах, с которыми мы обращаемся к Богу, а в нашем желании приблизиться к Нему. Он обеспечивает всех даже и без их просьб. Птицы и звери не молятся, но имеют все, что нужно для жизни. Поэтому Господь не любит, когда человек настаивает на своих эгоистических желаниях.

В этом мире и так всего достаточно, не хватает лишь одного — любви к Богу. А этому мы сами должны научиться.

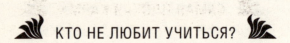 КТО НЕ ЛЮБИТ УЧИТЬСЯ?

Человек должен учиться и учить других. Это долг каждого из нас, иначе мы бесполезны. Совершая карма-йогу, любой человек становится мудрым и приобретает уникальные знания, недоступные даже ученым-логикам. Потому что сердце может вместить то, что не умещается в уме. Пока один размышляет о существовании Бога, другой уже живет по Его законам, а третий общается с Ним лицом к лицу. Так было всегда. И мы можем сделать свой выбор.

Эта книга не обращена к бессовестным атеистам-безбожникам, потому что у них нет выбора. Они отвергли высший путь божественной любви. Лучше не думать о них и не вступать с ними в споры. Нам нечего им дать и ничего не нужно от них.

Эта книга не предназначена также для религиозных фанатиков, не свободных от ненависти и всегда готовых к дракам. Эта книга для тех, кто хочет встать на путь вечного поиска, кто готов учиться и учить других.

Спасибо моему божественному учителю, который рассеял мое невежество лучом трансцендентного знания и дал мне способность видеть.

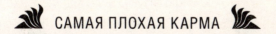

САМАЯ ПЛОХАЯ КАРМА

Ядовитая змея очень опасна, но ее отталкивающий вид предостерегает об этом. Другими словами, от нее нас защищает только страх, который она нам внушает. Но если змея украшена драгоценными камнями, она становится привлекательной, а вместе с тем и более опасной.

Подобно этому, общение с греховными людьми опасно для духовного развития. Нельзя получать знания от падшего человека.

В его устах оно становится ядом. Как правило, греховный человек имеет непривлекательный, отталкивающий облик. Видя это, можно избегать общения с ним. Однако если мы встречаем хорошо одетого негодяя, образованного, «культурного», богатого, имеющего поддержку в обществе, это собьет с толку любого из нас.

Иногда мы слышим привлекательные названия: «талантливый певец», «лауреат Нобелевской премии», «известный политик», «министр», «священник» и пр. Но часто за этой привлекательной внешностью скрывается греховная деятельность. Время от времени грех проникает даже в религию. Иисус Христос, например, сравнивал первосвященников с гробами, которые красивы только снаружи, а внутри полны нечистот. Как он это увидел? По их отвратительной гордыне, такой же великой, как их положение в обществе. Такие люди на самом деле не имели права быть учителями, поскольку сами не достигли «Царства Божьего» и другим не давали его достичь.

Змее не нужны драгоценные камни, но получить их у нее тоже невозможно, пока она жива. Если учителя не учат собственным примером, это и есть самая плохая карма, величайший обман. Поэтому не спешите учить других, если вы не учитесь сами.

МЫ РОЖДАЕМСЯ В ЭТОМ
ТЕЛЕ И В СВОЕЙ СЕМЬЕ
ИЗ-ЗА ПРОШЛОЙ КАРМЫ.

НАШЕ РОЖДЕНИЕ
ПРЕДОПРЕДЕЛЕНО, НО МЫ
НАДЕЕМСЯ, ЧТО НУЖНЫ
ТОМУ, К КОМУ МЫ ПРИХОДИМ
В ЭТОТ МИР.

Часть 3

СЕМЬЯ И КАРМА-ЙОГА

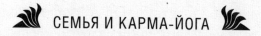 **СЕМЬЯ И КАРМА-ЙОГА**

Семья — это проявление коллективной кармы. Между членами семейства естественным образом существуют тесные отношения и обязанности, которые продолжаются с прошлой жизни.

Мужчина, сильно привязанный к своей жене, в момент смерти думает о ней, поэтому в следующей жизни рождается девочкой. А женщина, привязанная к мужу, после смерти родится мальчиком.

Затем они вырастают, находят друг друга и снова женятся, но уже не как муж и жена, а как жена и муж. Люди, которым они остались должны, рождаются их детьми и так забирают все, что им причиталось. Враги, не успевшие им отомстить, приходят как плохие или больные дети. Они могут рано умереть, чтобы доставить родителям сильную боль.

Таким образом, *карма*, или деятельность, основана на привязанности и долге. Например, если человек привязан к какой-то определенной деятельности, обычно она становится его профессией или обязанностью, которую он должен выполнять каждый день.

Мужчина, чувствуя сильную привязанность к женщине, хочет на ней жениться. Но когда это происходит, у него появляется ответственность перед женой и детьми. Он должен выполнять свой долг, иначе не сможет долго с ними прожить.

У любой привязанности есть две стороны. Одна — это симпатия, а другая — антипатия. Эти две крайности уравновешиваются исполнением долга. Если же им пренебрегают, то в конечном счете постепенно негативная сторона возобладает, постепенно затмив то, что в отношениях между супругами было приятным, и произойдет разрыв. Потому что по закону кармы, наслаждаясь, мужчина и женщина попадают в долги друг перед другом. И если они их не вернут, то впоследствии превратятся во врагов.

Исполняя свой долг, человек становится мудрым и любящим.

Обладая такими качествами, он способен в будущем достичь своих целей.

Но есть ли будущее у того, кто делает своих ближних врагами? Карма — это суровый, беспристрастный закон, у него нет чувств. Человек сам должен привнести в свою жизнь хорошие чувства, именно так он сможет изменить свою карму. Нужно стараться понять Бога и полюбить Его, а затем передать эту любовь своим детям, какими бы они ни были, потому что будущее — это то, о чем думают и чего хотят наши дети.

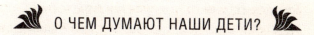

О ЧЕМ ДУМАЮТ НАШИ ДЕТИ?

Они размышляют о самом значительном из того, что увидели и услышали. О том, что оставило в их уме наиболее сильное впечатление. Узнав о космосе, ребенок хочет стать космонавтом, услышав о героях, отдавших свою жизнь за Родину, он мечтает быть таким же. У ребенка может возникнуть желание стать хорошим человеком. Но только в случае, если он услышит что-то полезное из вдохновляющего источника и эта информация будет сопровождаться осмысленными и глубокими чувствами. Известно, что дети больше хранят впечатления, нежели саму информацию, которая пригодится им позже. Сначала нужна вдохновляющая сила, розовая мечта, которая будет вести их всю жизнь.

СТИХ, КОТОРЫЙ ДОЧЬ СОЧИНИЛА В ДЕСЯТЬ ЛЕТ

Город гандхарвов —
Одни облака,
Но он настоящий
Издалека,
А рядом он, кажется,
В воздухе сделан
И сверху по крышам
Красиво побелен.

Пушистые арки
С пушистой резьбой,
Речушка плывет
И журчит под горой.

Как будто журчит
И как будто плывет,
Как будто бурлит
И кувшинки несет.

Город гандхарвов
Совсем наяву,
Но не попасть
На него никому,
Живут там лишь те,
Кто умеет летать,
А нам остается
Лишь только мечтать.

Как правило, на материальном уровне она никогда не сбывается. Детям кажется, что это из-за недостатка денег у родителей, отсутствия у них знаний, времени или веса в обществе.

Дети думают, что родители не нашли в жизни удовлетворения и занимаются какой-то монотонной деятельностью. Все это карма. Однако ребенок уверен, что сам он никогда не будет таким серьезным и скучным, как взрослые. С его точки зрения, взрослые — это просто неудачники. Ему кажется, что жизнь на самом деле совсем другая и счастье должно быть на каждом шагу. Мир такой большой и интересный — разве может здесь кому-то чего-то не хватать?

Созерцая небо и землю, траву и деревья, птиц и животных, ребенок погружается в чудесную страну собственных фантазий, приносящих ему огромную радость. В своих играх дети живут на необитаемых островах, летают на спинах больших птиц, много раз умирают и воскресают в героических битвах. Я все свое детство готовился к погружению на дно Тихого океана, чтобы раскапывать древние города.

Еще я летал вокруг Земли на чудесном аппарате, который подчинялся моим мыслям.

Конечно, никаких материальных средств не хватит, чтобы исполнить такие желания. Но ребенок счастлив, просто думая об этом. Впрочем, лишь до определенного момента, пока не проявится его чувство собственности, которое возникает вследствие отождествления с прарабдха-кармой. «Я» и «мое» — такую концепцию жизни все получают от своих родителей. Ты мой сын, а не сын кого-нибудь другого. Это принадлежит тебе, а не кому-то еще.

Так возникает сопоставление своих способностей с окружающим миром, и ребенок «взрослеет». Он становится практичным настолько, что забывает о единстве мира. Теперь его ум полон противоречий.

А как же розовая мечта? Он понимает: за нее нужно бороться. Иначе она не воплотится. Таковы правила игры.

В таком умонастроении человек вступает в жизнь. Он хочет победить весь мир и так достичь своей мечты, которую он так и не осознал.

Видя, что его желания никогда не сбываются, он отказывается от своих «детских» идеалов и принимает за эталон стандартное счастье большинства людей. А потом всю жизнь работает, чтобы не потерять его. Так выглядит безбожная жизнь.

И все-таки, что же родители должны дать ребенку для осуществления его высокой мечты? Если и есть в этом мире какая-то тайна, то это Бог. Имея правильные представления о мире, дети легко могут общаться с Ним. Для них это совершенно естественно. Ведь они видят мир непредвзято, поскольку их карма еще не проявлена полностью.

Помню, лет в тринадцать я спросил у своей матери: «Мама, почему я родился у тебя, а не у других людей?» На такие вопросы ребенку невозможно ответить, дав ему лишь информацию, да он и не нуждается в ней. Ему нужны сильные, глубокие впечатления: «Ты родился у нас, потому что мы любим тебя». И ребенок становится счастливым. «Мы хотели тебя, и Бог нам тебя послал» — это совершенно понятно любому ребенку. Затем, когда придет время информации и логики, между ними и мироощущением ребенка, его высшей целью не должно быть противоречий.

ОНИ СПРАШИВАЮТ: «КТО Я? ОТКУДА? ЗАЧЕМ ЖИВУ И ПОЧЕМУ?»

Величайшая трагедия для человека — потерять веру в высший идеал, сокровище своего сердца, потерять веру в Бога. С помощью сухих логических доводов материальная наука разрушила веру многих людей, но так и не помогла им исполнить свои сокровенные мечты.

Дело в том, что все запредельные желания можно осуществить только с помощью *крия-шакти*. Слово *шакти* означает «энергия», а *крия* — «творческая потенция». Крия-шакти — одна из самых ценных энергий. Она позволяет

достичь самоосознания и проявляется как вдох-
новение сердца, которого ждет каждый человек.
Крия-шакти — это муза, озарение, удача. Ее называют также Лакшми. И Лакшми — это супруга
Верховного Господа Нараяны, прародителя всех
людей. Она служит только Ему. Поэтому когда
человек становится слугой Бога, Лакшми вдох-
новляет его, посылая везение и удачу.

Дитя — это дар Бога. Но если наш ребенок
ничего не знает о Боге, он для нас просто источник
постоянных беспокойств. А иногда даже пожиз-
ненное наказание.

НЕЖЕЛАННЫЕ ДЕТИ

Мы рождаемся в своем теле и определенной семье
из-за прошлой кармы. Наше рождение предопределено, но мы надеемся, что нужны тому, к кому
мы приходим в этот мир. Хотя бы своим отцу
и матери. Ведь их любовь для нас как воздух.

Но иногда родители не очень рады своему
случайно зачатому ребенку. «Не успела сделать
аборт», — думает мать. «Теперь друзей не при-
гласить», — думает отец. Эти чувства проеци-
руются на новорожденного и становятся началом
его существования.

Почему человек рождается там, где он не нужен? Из-за плохой кармы, которую он создал в прошлой жизни. Мы должны желать хороших детей и ожидать их прихода. Иначе наше потомство будет неблагочестивым. Если вам нет дела до своих детей, то в будущем они отплатят вам той же монетой. В далеком прошлом, чтобы получить хорошего ребенка, родители просили об этом Бога.

> МЫ НАДЕЕМСЯ, ЧТО НУЖНЫ ТОМУ, К КОМУ ПРИШЛИ

Дети должны быть лучше своих родителей, тогда с каждым новым поколением жизнь на Земле будет все лучше и лучше.

Но без помощи Бога никто не способен сделать другого лучше себя. Это так же невозможно, как перепрыгнуть через собственную тень. Человеку кажется, что он живет очень хорошо, наслаждаясь с женщиной. Но в будущем у него рождается нежеланный ребенок. Бесцельная жизнь полна неприятных неожиданностей.

Поэтому *карму*, деятельность, необходимо совершать в соответствии с *дхармой*.

ПУТЬ ДХАРМЫ

Санскритское слово *дхарма* является очень емким. Оно имеет множество значений. *Дхарма* — это религия и путь, закон и природа, долг и обязанности, свойство и знания. Проще говоря, дхарма — это главное, неотъемлемое свойство того или иного объекта. Например, дхарма соли — ее соленый вкус, дхарма воды — ее жидкое состояние, дхарма коровы — есть траву и давать молоко, дхарма тигра — поедать плоть, дхарма камня — его твердость, а дхарма человека — служить Богу и делать всех счастливыми.

Если соль потеряет свой соленый вкус, ее уже нельзя будет назвать солью. Если тигр прекратит есть мясо, это будет уже не тигр. И точно так же человек, если он забудет о служении Богу и другим людям, перестанет называться человеком. Поэтому дхарма — основа всего. Это наш крест, который нужно нести, чтобы карма не столкнула нас вниз.

Иисус Христос принял на себя карму всех грешников. Но сам при этом грешником не стал, поскольку, сделав так, он поступил согласно закону дхармы. Его целью было служение Богу и спасение людей. Такая деятельность возвышает.

Хотя семья — это всего лишь проявление коллективной кармы, в сочетании с дхармой семья может поднять нас до божественного уровня.

Этот процесс возвышения называется йогой. Он способен любого грешника сделать святым. Для этого необходимы лишь два условия. Первое — человек должен отказаться от греховной деятельности прямо сейчас. Второе — ему следует научиться все время общаться с Богом, чтобы не деградировать вновь.

Эти принципы должны соблюдаться в семье. Ведь ее предназначение — защищать человека от греховной деятельности. Между членами семьи нужно поддерживать высоконравственные отношения, основанные на любви и доверии. Таким образом, служение Богу и следование принципам религии — насущная потребность любой семьи, объединяющей цивилизованных людей. Это путь счастья и возрождения души.

Бог — всепривлекающее живое существо, обладатель этого мира. Он источник великого разнообразия энергий и форм. Господь создает все это, чтобы человек наслаждался, пользуясь своей свободой выбора. Но когда заблудший сын исчерпает все свои попытки быть счастливым, он постепенно поймет, что Бог — это его лучший выбор.

НЕ ПРИВЯЗЫВАЙТЕСЬ К РЕЛИГИИ — ПРИВЯЖИТЕСЬ НЕПОСРЕДСТВЕННО К БОГУ

Послушайте, как дует ветер и шумит океан. Это Его дыхание. Вселенная — это музыка Его флейты. Звезды — жемчуга, рассыпанные

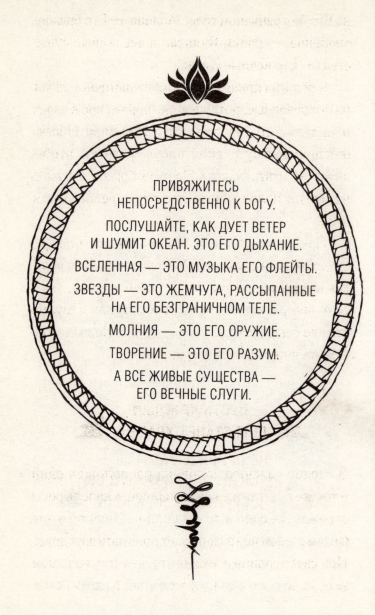

ПРИВЯЖИТЕСЬ
НЕПОСРЕДСТВЕННО К БОГУ.

ПОСЛУШАЙТЕ, КАК ДУЕТ ВЕТЕР
И ШУМИТ ОКЕАН. ЭТО ЕГО ДЫХАНИЕ.

ВСЕЛЕННАЯ — ЭТО МУЗЫКА ЕГО ФЛЕЙТЫ.

ЗВЕЗДЫ — ЭТО ЖЕМЧУГА, РАССЫПАННЫЕ
НА ЕГО БЕЗГРАНИЧНОМ ТЕЛЕ.

МОЛНИЯ — ЭТО ЕГО ОРУЖИЕ.

ТВОРЕНИЕ — ЭТО ЕГО РАЗУМ.

А ВСЕ ЖИВЫЕ СУЩЕСТВА —
ЕГО ВЕЧНЫЕ СЛУГИ.

на Его безграничном теле. Молния — Его оружие, творение — разум Господа, а все живые существа — Его вечные слуги.

К религии привязаны материалистичные люди, разочарованные, потерпевшие поражение в своих попытках стать счастливыми в этом мире. Иногда они примыкают к какой-нибудь религии, чтобы вновь попытать счастья. Поэтому борьба за власть и высокое положение всегда есть в религиозном мире.

Приблизиться к Богу намного труднее, чем просто сражаться с другими. Материалистичная религия не способна очистить людей от кармы, даже если они раскаиваются в своих грехах. Потому что они совершают их снова и снова. Невозможно отмыть вином кувшин из-под вина.

ПУСТЬ КАЖДЫЙ ДОМ СТАНЕТ ХРАМОМ

В сердце каждого человека расположен один и тот же Бог, так же как в миллионах капель росы отражается одно и то же солнце. Зная об этом, людям совсем не трудно будет понимать друг друга. При свете солнца все видят то, что есть на самом деле, а во тьме каждому мерещится что-то свое.

Поэтому в каждом доме должен поселиться Бог как источник знания и радости, но никак не страха.

Необходимо иметь священное писание, которое мы могли бы изучать и применять на практике. Если нам непонятен смысл написанного, следует спрашивать у святых людей и внимательно слушать их, иначе мы не получим от чтения полного блага и наш интерес быстро иссякнет. Если же священные книги стоят у нас лишь для виду, на всякий случай, то это плохая карма.

Потому что Бог — не модная породистая собачка, которая стережет дом. Священные книги нужно помещать на лучшие, самые видные места и открывать их каждый день. Прочитанное следует обдумывать на протяжении всего дня.

Хорошо беседовать с Богом мысленно или находясь в уединенном месте. И просить у Него самого сокровенного — божественной любви. Лучше обращаться к Нему личностно, по имени, которое вам больше нравится.

Бог один, но качества Его безграничны, поэтому у Него безграничное количество имен.

Поскольку Он абсолютен, неделим, нет различия между Ним и Его именем.

Произнося имя Бога, мы должны знать, что вступаем в непосредственный контакт с Ним, а это требует от нас честных, искренних отношений.

Если правильно настроить свой ум, мы немедленно почувствуем духовную связь с Господом и увидим различие между душой и телом. Подобно тому, как если поймать нужную радиоволну, наших ушей немедленно достигнет информация в форме звука.

На самом деле человеческое сердце — это лучший инструмент для установления контакта с Богом, который следует держать в идеальной чистоте. И семья предназначена для того, чтобы помочь нам очистить свое сердце. Священные писания запрещают поступать плохо по отношению к своим детям, жене, мужу или матери.

Все члены семьи должны освободиться от своих пороков. Прелюбодеяние, ложь, зависть и жадность не могут быть положены в основу семейных традиций. Плохие традиции ускоряют развитие плохих качеств, а вслед за этим приходят беды и разрушения.

Никто в семье не должен есть мясо, даже если какая-то религия это разрешает. На самом деле в прошлом, кроме свирепых дикарей, люди никогда не ели мяса без особой на то причины. Цивилизованные люди иногда принимали мясо, но только как жертвенную пищу. Однако сейчас никто не имеет достаточной квалификации, чтобы совершать такие жертвоприношения, поэтому мясоедение как способ поддержания тела должно быть полностью запрещено. Иначе люди останутся дикарями и на планете будет очень много войн. Мясоеды никогда не могут жить в мире.

Слово «мясо» происходит от санскритского *мам со*, что означает «сегодня я ем тебя, а завтра ты можешь меня съесть». В форме мяса мы съедаем угра-карму. Это тяжелая пища, пропитанная страхом и болью убитого животного. Человеку трудно ее хорошо переварить, поэтому у него появляется склонность к спиртному, с помощью которого с ней легче справиться.

ВЫ ТО, ЧТО ВЫ ЕДИТЕ

Спирт — это жидкий огонь. Под его влиянием желудок становится слишком активным и воздействует на гениталии, которые тоже активизируются. Поэтому в культуре мясоедов практически все склонны иметь любовников и любовниц. Эту тенденцию почти узаконили на Западе, а в азиатских странах пытаются обуздывать, прибегая к суровым мерам наказания.

Так, поедая мясо, люди становятся слишком своевольными и жестокими, а это идеальные условия для разногласий и войн. Мясо не является подходящей пищей для человека. Он должен питаться благостной пищей, свободной от кармы, продлевающей жизнь и дающей развитие тонким тканям мозга.

НЕ ЕШЬТЕ УГРА-КАРМУ, ЕШЬТЕ ПЕРВОКЛАССНУЮ ПИЩУ

Пища — это не килокалории, а жизненная сила. Пища самого низкого качества — та, что состоит из плоти и крови. К ней относятся мясо, рыба и яйца. Несмотря на их калорийность, эти продукты не дают жизненную силу, а поглощают ее. В результате человек может получать некоторую энергию, но при этом сам он становится ленивым.

Это естественное свойство любой плоти — поглощать энергию.

Жизненная сила исходит от солнца и аккумулируется в воздухе, воде, земле и особенно в растениях. Заметьте, что самые подвижные и выносливые животные — вегетарианцы. Человек запрягает лошадей, ездит на верблюдах, ослах или слонах, пашет на быках. Мы не видим, чтобы кто-то ездил на львах или пахал на волках. Эти животные очень сильные, но зато ленивые и агрессивные, что очень свойственно всем мясоедам.

Человеку нужно научиться получать энергию более высокого уровня, чтобы поддерживать свою внутреннюю активность, силу интуиции, скорость ума и способность выражать тонкие чувства. Для этого нужна пища высшего качества.

Источником силы для всех, как вегетарианцев, так и не вегетарианцев, являются зерновые. Кто-то ест траву и зерно, а кто-то — того, кто их ест. Для человека мясо и рыба — это вынужденная пища, когда нет ничего другого. Однако он может привязаться к их вкусу и не захочет расстаться с этим пагубным пристрастием. Подобно тому, как тигр, попробовав вкус человеческой плоти, предпочитает охотиться только на людей. Такого тигра в конце концов уничтожают. Человеку не следует поддаваться соблазну и есть угра-карму — забитых на бойне несчастных животных. Иначе он будет призывать к себе ужасную смерть.

> ЧЕЛОВЕКУ НУЖНО НАУЧИТЬСЯ ПОЛУЧАТЬ ЭНЕРГИЮ БОЛЕЕ ВЫСОКОГО УРОВНЯ. ДЛЯ ЭТОГО НУЖНА ПИЩА ВЫСШЕГО КАЧЕСТВА

Человеку нужна животворная пища. Фруктовые клетки остаются живыми даже после того, как их проглатывают.

Убийства не происходит. Это процесс вливания жизненной силы. Даже когда зерно варится, большой проблемы нет, потому что растение настроено отдавать свою жизненную энергию. Поэтому вегетарианец тоже стремится отдавать, он добрее и является более творческим человеком. Тот, кто придерживается вегетарианства, во всех отношениях превосходит мясоеда, и возможность дожить до ста лет у него увеличивается во много раз. Таковы законы кармы. Впрочем,

Адольф Гитлер так и не смог извлечь полного блага из вегетарианской диеты: слишком уж он был демоничен. И еще потому, что никогда не ел освященную пищу.

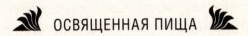

ОСВЯЩЕННАЯ ПИЩА

В семье мы должны есть освященную пищу. И обязательно собравшись все вместе, потому что процесс этот очень радостный. Освященная пища — та, что приготовлена для Бога и с любовью Ему предложена.

Такая пища полностью чиста от кармы и потому не возбуждает в человеке материальных желаний, которые провоцируют его на новую кармическую деятельность. Наоборот, влияние этой пищи таково, что материальные, эгоистические желания трансформируются в добродетель. Например, если положить

СВЯЩЕННЫЙ ОГОНЬ СЖИГАЕТ КАРМУ

железо в огонь, то постепенно оно приобретет свойство огня, как бы станет огнем. Кто-то может сказать: это то же самое железо. Но попробуйте дотроньтесь до него. Оно обжигает, как огонь. Освященная пища не отличается от Того, кому она предлагалась.

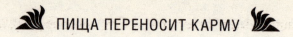 ПИЩА ПЕРЕНОСИТ КАРМУ

Но, конечно же, не само действие, а умонастроение, в котором оно выполнялось. Нельзя принимать пищу из рук злобно настроенного человека, того, кто к вам равнодушен или находится в оскверненном состоянии сознания. Все, что было приготовлено на фабриках или поступило с бойни, вся изысканно-развращенная пища, подаваемая в ресторанах или состряпанная на скорую руку в забегаловках, — все это насыщено нечистыми мыслями работающих там людей.

Поэтому пищу хорошо принимать в семье, где она готовится с желанием и любовью.

Лучший повар — это мама. Так же как художники передают свое умонастроение с помощью красок, а музыканты — с помощью звуков, повара делают это с помощью продуктов и огня. И сначала пища влияет на ум.

Но затем ее действие проявится вовне, в форме поступков и черт характера. А это уже карма.

На самом деле все без исключения люди находятся под влиянием пищи, которую они каждый день едят. И если вы не замечаете на себе ее влияния, попробуйте поститься несколько дней, принимая только воду.

Вы увидите, что мир вокруг вас полностью изменился, вы стали независимы от обычных ваших мыслей и характера. Это подобно тому, как, если погрузиться под воду, можно почувствовать независимость от силы тяготения.

Нередко за праздничным столом с мясом и водкой возникают сильные ссоры, переходящие в драки. Но никто никогда не видел, чтобы такое происходило при принятии освященной пищи.

НЕСОВМЕСТИМАЯ КАРМА

Действия человека, который хочет разжечь огонь, но при этом льет на дрова воду, несовместимы. В семье должна быть общая цель и общие средства ее достижения. Есть люди по природе демоничные, а есть божественные. Им не следует жить вместе, поскольку они несовместимы. Их качества противоречат друг другу. То, что реальность для одного, сон для другого. Один гордый, другой смиренный; один стремится к славе и почестям, другой скромный; один высокомерный, другой почтительный; один лжец, другой правдивый. Лебеди и вороны никогда не смешиваются.

Цапля ходила вдоль озера и ловила пиявок. Вдруг она увидела изумительно красивую, царственную птицу, белую, как снег, которая спустилась на воду неподалеку и стала играть в лотосах. «Кто ты?» — удивленно спросила цапля. «Я лебедь раджа-хамса», — ответила птица. «Ты, наверное, прилетел из рая? — поинтересовалась цапля. — Расскажи мне, что там у вас в раю» — «Рай неописуемо прекрасен, — заговорил царственный лебедь. — Там самая чистая вода, самые прекрасные сады и цветы, берега озер и рек выложены драгоценными камнями».

«А пиявки там есть?» — с восхищением спросила цапля. «Нет, пиявок там нет вообще», — ответил лебедь. «Ну, тогда какой же это рай», — разочарованно сказала цапля и потеряла всякий интерес к божественной птице.

Люди, не имеющие стремления к Богу, не должны жить с теми, кто ищет Абсолютную Истину. Таково правило. Если все же они создали союз, им нельзя рассчитывать на счастье. Их карма только ухудшится.

ВЕЛИКАЯ «МАХАБХАРАТА» О ЗАКОНАХ КАРМЫ

В «Махабхарате» говорится, что человеческая жизнь — это расплата за неправильную предыдущую и что как теленок всегда найдет свою маму корову на пастбище с сотнями коров, так и карма найдет человека. Поэтому в человеке должно быть проявлено качество *крату* — желание поступать мудро. В результате отсутствия такого желания человек совершает неподобающие поступки и вынужден пожинать их плоды по космическому закону справедливости.

Все живые существа наделены Богом желанными или нежеланными плодами прежних деяний (благочестивых и неблагочестивых). Не будь это так, не было бы среди живых существ ни одного несчастного. Ведь если бы не было груза прежних деяний, то к какой бы цели ни стремился человек, действия его всегда приводили бы к успеху.

О ДОБРОДЕТЕЛИ

Человек высшего уровня имеет семь добродетелей:
1. Он стремится к высшей цели человеческой жизни.
2. Обладает способностью к самоконтролю.
3. Знает Веды.
4. Совершает жертвоприношения.
5. Заключает чистые в нравственном отношении браки.
6. Постоянно раздает пищу.
7. Соблюдает эти шесть правил.

———

Люди низшей категории имеют прямо противоположные свойства. Те, кто находится на высшем уровне, низвергаются из-за пренебрежения и оскорблений по отношению к святым, а также из-за похищения имущества.

———

Долг всякого отца — исправлять заблуждения сына, даже если он и взрослый, дабы он достиг добронравия и приобрел вечную славу.

———

Да будет Твой глубочайший ум всегда посвящен обретению добродетели и да будут все Твои мысли неуклонно следовать тропой добродетели. Чтобы мои мысли всегда черпали удовольствие в добре, спокойствии и подвижничестве.

———

Знание достигается через послушание старшим.

———

Спокойствие достигается через раздачу подаяния.

———

Почитай даже незваных гостей, а также святых, юных и старых, почитай и своих учителей, как того требуют благопристойное поведение и религиозный закон.

Ты должен беречь свою добрую славу, ибо добрая слава приносит с собой величайшее могущество. Недаром говорят, что жизнь человека, утратившего добрую славу, лишается всякого смысла. Человек живет, Каурава, только до тех пор, покуда сохраняет добрую славу; погубив свою добрую славу, о сын Гандхари, он губит и свою жизнь. Ты должен строго соблюдать этот закон благочестия, ибо таков обычай семьи Куру.

———

Радости этого мира — для тех, кто умеет прощать, и радости иного мира — только для тех, кто умеет прощать. Поэтому, обуздав свои чувства, воспитывай в себе умение прощать. Так и живи. Только умение прощать поможет тебе когда-нибудь вознестись на духовные планеты, лежащие за миром Брахмы и даже за безличным Абсолютом.

———————

Никогда не возражайте против мнения тех, кто:
1. Пришел к вам в дом.
2. Имеет обыкновение советоваться со многими.
3. Общается с дурными людьми.

———————

Невысказанное лучше, чем высказанное. Если необходимо говорить, то сначала нужно сказать правду, потом — приятное, потом то, что отвечает нравственному долгу.

———————

Те, кто почтителен и служит старшим, получают четыре вещи:
1. Величие.
2. Долголетие.
3. Славу.
4. Силу.
То, что плохо для тебя, не следует применять к другому. Это и есть справедливость.

———————

Хуля других, добрый человек испытывает раскаяние. Злой человек, хуля других, испытывает большое удовлетворение. Когда благочестивые люди воздают дань почтения мудрым и старшим, они ощущают удовольствие, глупец же ощущает удовольствие от поношения благочестивых. Те, кто не ищет недостатков в других, живут беспечально, но для глупца — сущая радость искать недостатки в других. Даже терпя поношение, святые хорошо отзываются о своих порицателях. Но нет ничего более смехотворного в этом мире, чем слышать, как порочный человек обвиняет святого во всех пороках.

Познание вечной души уничтожает страх.

Важные и великие вещи достигаются стремлением к высшей цели человеческой жизни.

ПРИЗНАК ПАДШЕГО ЧЕЛОВЕКА

Нечестивец стремится больше узнать недостатки, нежели достоинства людей.

Человек, отпавший от правды и добра, подобный злобной ядовитой змее, внушает беспокойство даже безбожнику. Сколь же неизмеримо большее беспокойство внушает он твердо верующему в Бога?

ПОЧЕМУ ЧЕЛОВЕК НЕ ЖИВЕТ СТО ЛЕТ:

1. Излишество в речи.
2. Чрезмерная гордость.
3. Отсутствие щедрости.

4. Гнев.

5. Чрезмерная жажда знаний.

6. Измена друзьям.

Это шесть острых мечей, усекающих продолжительность жизни, это они губят людей, а не смерть.

КАК БЫТЬ СИЛЬНЫМ:

1. Не угрожайте чрезмерно своему ненавистнику.

2. Не разговаривайте с тем, кто слушает с недоверием.

3. Не пытайтесь оправдать то, что является ложью.

4. Не осуждайте безмерно свою супругу.

5. Не пытайтесь согнуть лучи света.

О СЛАБОСТИ

Не поддавайтесь печали. Из-за нее гибнут:

1. Красота.

2. Сила.

3. Слабеет понимание.

4. Печаль приводит к болезни.

НЕСОВМЕСТИМОСТЬ ДЕЙСТВИЙ

Откуда у стремящегося к удовольствиям могут быть духовные знания?

А у стремящегося к знаниям — мирские удовольствия?

О ЧЕМ МОЖНО СОЖАЛЕТЬ

Жалости достойны:
1. Человек, лишенный знания.
2. Любовная связь, не дающая потомства.
3. Подданные, лишенные пищи.
4. Царство без царя.

Не теряйте времени на пустые разговоры.

ЧЕЛОВЕК СТАНОВИТСЯ
ТОЧНО ТАКИМ ЖЕ, КАК ТОТ:

1. С кем он вступает в спор.
2. Кому он служит.
3. Кем он хочет быть сам.

Не следует побеждать сон отходом ко сну, женщину — любовным желанием, огонь — поленьями, а хмельной напиток — питьем.

УЧЕНЫЕ ГЛУПЦЫ

Только ученые оказывают почтение другим. Но те, кто бестолковы, склонны к беззаконию и опытны только в светских науках, никогда не будут чтить того, кто достоин уважения.

Есть много глупцов, желающих разделить [совместное] имущество, но едва раздел состоится, каждый из них опьяняется собственным богатством и отказывает другому в уважении. Кроме того, каждый заботится лишь о своей доле богатства, а это разделяет даже самых близких людей. Пользуясь благоприятной возможностью, враги в личине друзей сеют раздоры и разъединяют общину. Видя, что община разъединена, другие пользуются этим, чтобы обобрать ее. Разъединенная община скоро оказывается полностью разоренной. Поэтому, дорогой брат, люди мудрые не поощряют раздел богатства среди тех, кто строго следует наставлениям святых учителей и заветам священных писаний и кто искренне желает друг другу добра.

———————

Покуда невзрачный собой человек не видит лица своего в зеркале, он считает себя красивее других. Но когда он посмотрится в зеркало, то поймет, что это он некрасив — не другие. Истинно красивый человек никого не принижает. Но болтающий слишком много и дурно, постоянно принижающий других — [никчемный] хулитель. Глупец, что слышит и добрые и злые слова, воспринимает лишь злые, уподобляясь свинье, поедающей испражнения. Мудрый же, слыша и добрые и злые слова, воспринимает лишь добрые, точно так же как лебедь отделяет драгоценное молоко от воды.

———————

Не обретет плод благочестия тот, кто из своих обязанностей хочет извлекать одну лишь выгоду для себя, как молоко из дойной коровы. А также тот, кто, совершая действие, сомневается в существовании у него плода.

———————

Человек, представляющийся не тем, кто он есть на самом деле, — вор, похищающий у самого себя свою душу.

———————

Гнев затрудняет и без того нелегкое духовное развитие тех, кто стремится к совершенству, а те, чье духовное развитие остановилось, никогда не достигнут своей жизненной цели. Когда духовно развитые люди обретают способность к прощению, самообуздание помогает им достичь желаемого совершенства.

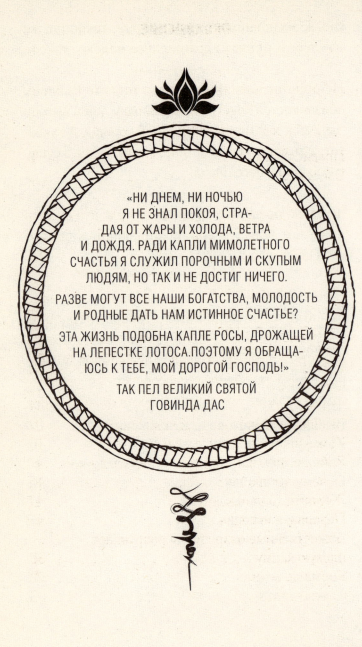

«НИ ДНЕМ, НИ НОЧЬЮ
Я НЕ ЗНАЛ ПОКОЯ, СТРА-
ДАЯ ОТ ЖАРЫ И ХОЛОДА, ВЕТРА
И ДОЖДЯ. РАДИ КАПЛИ МИМОЛЕТНОГО
СЧАСТЬЯ Я СЛУЖИЛ ПОРОЧНЫМ И СКУПЫМ
ЛЮДЯМ, НО ТАК И НЕ ДОСТИГ НИЧЕГО.

РАЗВЕ МОГУТ ВСЕ НАШИ БОГАТСТВА, МОЛОДОСТЬ
И РОДНЫЕ ДАТЬ НАМ ИСТИННОЕ СЧАСТЬЕ?

ЭТА ЖИЗНЬ ПОДОБНА КАПЛЕ РОСЫ, ДРОЖАЩЕЙ
НА ЛЕПЕСТКЕ ЛОТОСА.ПОЭТОМУ Я ОБРАЩА-
ЮСЬ К ТЕБЕ, МОЙ ДОРОГОЙ ГОСПОДЬ!»

ТАК ПЕЛ ВЕЛИКИЙ СВЯТОЙ
ГОВИНДА ДАС

ОГЛАВЛЕНИЕ

Часть 1

КАРМА

Часть 2

КАРМА-ЙОГА

Часть 3

СЕМЬЯ И КАРМА-ЙОГА

Приложение

ВЕЛИКАЯ «МАХАБХАРАТА» О ЗАКОНАХ КАРМЫ

Издание для досуга
ВЕДЫ: ДРАГОЦЕННЫЙ ПУТЬ

Хакимов Александр

КАРМА
КАК ОБРЕСТИ ВЫСШУЮ ЦЕЛЬ В СВОЕЙ ЖИЗНИ?

Главный редактор *Р. Фасхутдинов*
Ответственный редактор *А. Мясникова*
Младший редактор *М. Коршунова*
Художественный редактор *В. Терещенко*
Верстка *Е. Новиков*

Во внутреннем оформлении использованы иллюстрации:
Red_In_Woman, littlepinecone, LaQuartz Studio, bearsky23, Dimonika, Magnia, Ola-ola / Shutterstock.com
Используется по лицензии от Shutterstock.com

Дополнительную информацию можно найти на сайте автора
http://www.ahakimov.com

В оформлении обложки использована картина: © Александра Хакимова

Страна происхождения: Российская Федерация
Шығарылған елі: Ресей Федерациясы

ООО «Издательство «Эксмо».
123308, Россия, город Москва, улица Зорге, дом 1, строение 1, этаж 20, каб. 2013.
Тел.: 8 (495) 411-68-86.
Home page: www.eksmo.ru E-mail: info@eksmo.ru
Өндіруші: «ЭКСМО» АҚБ Баспасы,
123308, Ресей, қала Мәскеу, Зорге көшесі, 1 үй, 1 ғимарат, 20 қабат, офис 2013 ж.
Тел.: 8 (495) 411-68-86.
Home page: www.eksmo.ru E-mail: info@eksmo.ru.
Тауар белгісі: «Эксмо»
Интернет-магазин : www.book24.ru
Интернет-магазин : www.book24.kz
Интернет-дүкен : www.book24.kz
Импортёр в Республику Казахстан ТОО «РДЦ-Алматы».
Қазақстан Республикасындағы импорттаушы «РДЦ-Алматы» ЖШС.
Дистрибьютор и представитель по приему претензий на продукцию,
в Республике Казахстан: ТОО «РДЦ-Алматы».
Қазақстан Республикасында дистрибьютор және өнім бойынша арыз-талаптарды
қабылдаушының оңкі «РДЦ-Алматы» ЖШС,
Алматы қ., Домбровский көш., 3-а, литер Б, офис 1.
Тел.: 8 (727) 251-59-90/91/92; E-mail: RDC-Almaty@eksmo.kz
Өнімнің жарамдылық мерзімі шектелмеген.
Сертификация туралы ақпарат сайта: www.eksmo.ru/certification
Сведения о подтверждении соответствия издания согласно законодательству РФ
о техническом регулировании можно получить на сайте Издательства «Эксмо»
www.eksmo.ru/certification
Өндірген мемлекет: Ресей. Сертификация қарастырылмаған

Дата изготовления / Подписано в печать 30.11.2021.
Формат 84х108 $^1/_{32}$. Печать офсетная. Усл. печ. л. 6,72.
Доп. тираж 2000 экз. Заказ Е-4048.

Отпечатано в типографии филиала АО «ТАТМЕДИА» «ПИК «Идел-Пресс».
420066, Россия, г. Казань, ул. Декабристов, 2. E-mail: idelpress@mail.ru

ISBN 978-5-04-092611-4

16+

АЛЕКСАНДР ХАКИМОВ
ВЕДЫ. ДРАГОЦЕННЫЙ ПУТЬ

ИЛЛЮЗИЯ и РЕАЛЬНОСТЬ

Перед вам долгожданная книга известного в России и других странах специалиста по ведической культуре, писателя, психолога, художника и философа Александра Хакимова. Вечная игра между светом и тенью, реальностью и иллюзией, духовным и материальным – об этом Александр Геннадьевич часто говорит на своих лекциях, которые набирают в Интернете сотни тысяч просмотров, а в реальной жизни привлекают огромные залы на десятки тысяч людей. Автор заглядывает в такие тайники души человека, о которых он сам даже не подозревал. Что творится в мастерской нашего беспокойного ума, которая является фабрикой по производству иллюзорных картин жизни?

Как научиться отличать искаженную реальность от истинных ценностей?

И где скрывается источник подлинной энергии и жизненной силы?

В очень доверительном диалоге с читателем Александр Хакимов делится теми откровениями, которые позволяют взглянуть на современный мир совершенно по-новому.

2018-019

АЛЕКСАНДР ХАКИМОВ
ВЕДЫ. ДРАГОЦЕННЫЙ ПУТЬ

ЭВОЛЮЦИЯ СОЗНАНИЯ

Перед вами сборник книг Александра Геннадьевича Хакимова — широко известного в России и странах СНГ специалиста по ведической культуре, художника, философа и проповедника. Много лет он путешествует по всей России, ближнему и дальнему зарубежью, читает лекции по ведической философии и культуре, проводит беседы за круглым столом с учеными, философами, деятелями культуры. Его лекции в Интернете имеют рекордное количество просмотров благодаря глубоким знаниям и харизме автора.

Едва увидев свет, произведения Александра Геннадьевича Хакимова — «Карма», «Реинкарнация» и «Варнашрама-дхарма» — уже встретили горячий отклик читательской аудитории.

В легкодоступной форме, свежо и увлеченно автор объясняет в них суть философии «Бхагавад-гиты» — квинтэссенции ведического знания.

Благодаря книге каждый человек может определить, на каком уровне сознания он находится. Это знание поможет посмотреть на окружающий его мир, на самого себя и свою жизнь иначе, самостоятельно сделать правильные выводы и выйти из сложных обстоятельств, не быть обманутым и не обмануть других и в конечном итоге — понять смысл и цель жизни.